Qualquer lugar menos agora

J.P. Cuenca

Qualquer lugar menos agora

CRÔNICAS DE VIAGEM
PARA TEMPOS DE QUARENTENA

1ª edição

EDITORA RECORD
RIO DE JANEIRO • SÃO PAULO
2021

CIP-BRASIL. CATALOGAÇÃO NA PUBLICAÇÃO
SINDICATO NACIONAL DOS EDITORES DE LIVROS, RJ

C972q   Cuenca, J. P., 1978-
          Qualquer lugar menos agora: crônicas de viagem para tempos de quarentena / J. P. Cuenca. – 1. ed. – Rio de Janeiro : Record, 2021.

          ISBN 978-65-5587-289-7

          1. Crônicas brasileiras. I. Título.

21-70817

CDD: 869.8
CDU: 82-94(81)

Camila DonisHartmann - Bibliotecária - CRB-7/6472

Copyright © João Paulo Cuenca, 2021

Fotos: Acervo do autor
Capa: Design de Leticia Quintilhano | Imagens: iStockphoto.com (Kabukicho, Japão: Chunejip Wong; Mesquita Azul, Turquia: Igor Zhuravlov; Wahiba, Omã: 35007; estrada, Brasil: ronaldoalmeida10; carimbos de passaporte: alberto111)

Todos os direitos reservados. Proibida a reprodução, armazenamento ou transmissão de partes deste livro, através de quaisquer meios, sem prévia autorização por escrito.

Texto revisado segundo o novo Acordo Ortográfico da Língua Portuguesa.

Direitos exclusivos desta edição reservados pela
EDITORA RECORD LTDA.
Rua Argentina, 171 – Rio de Janeiro, RJ – 20921-380 – Tel.: (21) 2585-2000.

Impresso no Brasil

ISBN 978-65-5587-289-7

Seja um leitor preferencial Record.
Cadastre-se no site www.record.com.br e
receba informações sobre nossos lançamentos
e nossas promoções.

Atendimento e venda direta ao leitor:
sac@record.com.br

Quando você viajar, deixe sua vida em sua casa, seu bairro, sua cidade. É um artefato inútil.

Juan Filloy, *Periplo* (1931)

Para Silvana Nassar

SUMÁRIO

Miichi em Akihabara / 13
A lenta na Zero Horas / 17
Raposas em Berlim / 19
A cópia da cópia em Macau / 23
A torre de Babel de Hong Kong / 27
Notas de Zagreb / 31
Parque Chas, o umbigo de Buenos Aires / 35
O farol do fim do mundo / 37
Flâneur de passeata / 41
Entrar em Gaza / 45
Sair de Gaza / 49
Jerusalém, Ramallah / 53
Ficar em Cabo Verde / 57
Julio Cortázar e o Old Navy / 59
As crianças obedientes e antigas da estação / 63
Enciclopédia de bares / 67
Kotti / 71
O menor melhor clube de jazz do mundo / 75
Carta de Lantau / 79
Boca de caeira! / 83
A pitonisa catalã / 87
Turnê mundial de karaokê / 89
Fantasmas em Óbidos / 93

Duas salas de museu / 97
O flâneur paulistano / 101
O robalo dos campeões em Lima / 105
O espectro do muro / 109
Um trem noturno / 113
Banheiro, Freud e spa em Viena / 117
A Imperatriz do Maranhão / 119
Três pistas de dança / 121
A experiência brasileira / 125
Encapsulado / 129
Onde nunca anoitece / 133
Dentro da neblina / 137
Entre o embarque e o desembarque / 139
O quarto de Agatha Christie / 143
Turismo capilar / 147
A corrida dos santos / 151
O primeiro visconde Montgomery de El Alamein / 153
Descarga en el Barrio / 157
Algo fora do lugar em Cingapura / 159
O olhar da dançarina / 163
Muros em Nova York / 167
O corredor polonês do Pari / 171
O purgatório da Bento Freitas / 175
Um encontro com o coronel Kurtz / 179
Cruzamento em Hanói / 183
A lata de Shinjuku / 187
Mercado de peixe / 191
Vamos supor, apenas supor, que eu tenha sido preso / 193
Weltfremd / 197
Solidão no País Basco / 199

A sala de Richard Serra em Bilbao / 203
Morar na elipse de Borromini em Roma / 205
O Estúdio Cinco de Fellini na Cinecittà / 207
A síndrome de anti-Dorothy / 211
Onde fica o fim do mundo / 215
As mãos que vêm do Haiti / 219

MIICHI EM AKIHABARA

(Tóquio / Maio, 2007)

É FIM DO DIA E CAMINHO pelas ruas mal iluminadas de Ueno. Depois que o mercado barulhento sob a linha do trem se esvaziou rapidamente, entrei num bar de Yakitori — quando saí, não havia mais movimento algum. Sigo a direção do viaduto acreditando que vou para um lado, e depois de vinte minutos andando na via escura chego noutro: Akihabara, meca planetária dos *otaku* que reúne as maiores lojas de eletrônicos, mangá e anime do país.

Numa esquina, sob a macarronada usual de néon, jovens vestidas como uma versão moderna de governantas da Era Vitoriana — meias soquete, saias rodadas estufadas por quilos de renda, aventais brancos e arcos na cabeça — distribuem propagandas de *maid cafés*, onde são protagonistas. Pego um papel e decido que minha experiência japonesa incluirá uma ida a um deles naquela tarde. Mas os prospectos são todos em japonês, assim como os mapas.

Uma das moças se compadece do *gaijin* e indica o caminho, numa mistura de inglês, japonês e gestos. Uma reta, a segunda à direita, seguir em frente. O lugar fica num prédio à esquerda depois de uns "três minutos de caminhada".

No meio do caminho me perco. Quando olho para trás, percebo que a menina está me seguindo como uma assombração. Com extrema paciência, e guardando uma distância regulamentar de cinco metros atrás de mim, me conduz até um prédio no centro do enclave nerd da cidade. Na porta, me mostra o cartaz, o compara com o papel que me entregou minutos antes e aponta para o segundo andar. Avançamos pela portaria, ela chama o elevador e desaparece por trás de uma porta à direita.

Entro sozinho no ascensor e, quando a máquina abre a porta, um andar acima, ela me reencontra ofegante — subiu de escada.

Sou recepcionado por uma gerente que entoa uma longa e incompreensível saudação em japonês. O café, claro e iluminado como qualquer lanchonete, está lotado de adolescentes. Ubíquos monitores de TV transmitem exóticos videoclipes de um dos principais produtos de exportação da América para o mundo, hip-hop comercial.

Além das garçonetes com roupas do século XIX, há outras figuras infantilizadas: um sujeito vestido de super-herói e outro de botas pretas e rabo de cavalo na altura da cintura. No geral, são típicos nerds, como os que se reuniam na praça São Francisco Xavier para jogar RPG na distante Tijuca carioca dos anos 1990.

Quando servem a bebida, as garçonetes vestidas em suas modas surrealistas agacham-se ao lado da mesa. Seguram o canudo no copo e o apontam para a boca dos clientes, que são tratados literalmente como mestres, com todos os pronomes de tratamento que isso pede. Todas, sem exceção, falam e se movimentam como se fossem criancinhas com a consciência de uma gueixa ou de um mordomo inglês. A emoção ao que parece termina aí: ser servido e paparicado por lolitas de história em quadrinhos num Café Palheta genérico.

A menina que me guiou até o lugar, agora já no seu papel de garçonete, me pergunta o que quero beber. Peço um espresso, que aqui vale o quádruplo do que custaria num café normal. Quando me serve, pega o apoio do copo e diz:

— I am going to write my name.

E escreve "Miichi" com uma letra infantil. Eu agradeço e invento um nome para mim (em Tóquio, estou sempre inventando nomes). Depois ela pergunta, muito vagarosamente:

— Do you like cats?

Digo que sim. Miichi desenha um gato no apoio do copo e diz:

— It is a cat. Cute cat. It is for you.

Estranhamente comovido, agradeço. Meus colegas de *maid café* nas outras mesas parecem perdidos num transe extático, achando isso tudo maravilhoso. Peço a conta. Miichi me leva até a porta do elevador, despede-se sem pressa ao apertar o botão do térreo e executar a saudação japonesa em reverência e curvatura máxima, encarando o chão a 75 graus. As portas demoram a fechar — Miichi não vai abandonar sua posição até que isso aconteça.

A LENTA NA ZERO HORAS

(Cidade da Praia / Fevereiro, 2016)

UMA TRADIÇÃO INFELIZMENTE HÁ MUITO ABANDONADA no Brasil é o costume de dançar música lenta em salões e discotecas. Da festa junina à balada oitentista, passando por bailes de orquestra, a circunstância de dançar agarradinho sob compassos suaves foi, para boa parte do nosso povo, a primeira vez em que nos vimos nos braços de alguém.

"A hora da lenta", dizíamos, quando o DJ interrompia um set de hits frenéticos para enfileirar uma sequência de baladas. Inicialmente, a pista abria-se num vazio medroso. As meninas e os meninos plantavam-se contra paredes opostas no salão do playground do prédio ou da matinê. Depois, era vencer a timidez e chamar a menina pra dançar. Priápico frenesi sob solos de saxofone. A descoberta da nuca e do cheiro dos cabelos da mulher colados na pele suada. Isso durava meia hora até que luzes coloridas voltassem a piscar e os casais se descolassem como tentáculos saciados, voltando a dançar aquilo que chamávamos música rápida.

Já na metade dos anos 1990, a lógica das festas excluiu a hora da lenta e isso nunca mais voltou. Mas por sorte existe Cabo Verde, a ilha de Santiago e sua capital, a Cidade da Praia. Ali, numa rua erma de galpões industriais na Achada Grande, há uma boate-fortaleza cuja recepção é uma jaula dessas comuns à entrada de prisões ou fronteiras bastante guarnecidas. Após pagar quinhentos escudos cabo-verdianos por uma pulseira de papel e atravessar policiais e seguranças, entramos na célebre Discoteca Zero Horas, uma tradição local.

A boate tem cinco níveis de mezaninos, parte do teto aberto às estrelas e uma cabine suspensa de comandante-DJ na proa do barco com arquivos de biblioteca e algo de estação de rádio de ondas curtas. Ouvimos zouk eletrônico e kizomba em cadências suaves, apesar do grave ribombando pelas canelas. Por todas as partes, vemos casais entrelaçados em diferentes gradações de rebolado e amasso. Se isso aqui não for o xangri-lá ou a meca da música lenta é pelo menos um dos seus principais templos no mundo.

Bebo minhas cervejinhas Strela tentando disfarçar a comoção. Observo um foco de luz que ilumina certo casal no nível inferior do teatro. Ela tem um vestido verde colado na pele e cabelo black power, ele usa moletom e tênis branco, colar e pulseiras douradas. Movimentam-se lentamente, sobre plumas, o que não os impede de dobrar os joelhos, descendo na maciota, sem pesar.

De repente, o homem envolve a mulher um pouco mais com o braço direito e os dois executam o passo que transforma o encontro dos seus quadris no aleph da pista, para onde tudo converge: dançam cada vez mais lentamente, apenas a respiração dos corpos um contra o outro, até que se congelam, abraçados. E ficam ali, imóveis, até a próxima, protegidos por uma nuvem de fumaça e luz negra.

Ao fim da lenta na Zero Horas em Cabo Verde, essas estátuas voltam a mover-se e podem olhar para onde quiserem — jamais se transformarão em sal.

RAPOSAS EM BERLIM

(Berlim / Outubro, 2019)

O LOCUTOR ELETRÔNICO ANUNCIA POTSDAMER PLATZ quase ao mesmo tempo que, nos meus fones de ouvido, David Bowie canta sobre pegar o trem em Potsdamer Platz. Indiferentes à forja das coincidências, os passageiros entram e saem dos vagões ordeiramente ao sinal, com os mesmos olhares opacos. Abandonam o metrô comigo um grupo de estudantes com cabelos descoloridos, um pedreiro com galochas de borracha, uma jovem executiva com a maquiagem borrada, um morador de rua carregando garrafas de vidro. Nunca mais nos veremos novamente.

Cada um deles tem, ou terá em breve, uma cidade que não existe mais dentro de si. Em "Where are we know?", de 2013, Bowie canta sobre levar os mortos para passear numa Berlim pretérita, mais parecida com a que conheceu em abril de 1976, quando fez seu primeiro show na cidade.

Antes do fim daquele ano, decidiu abandonar o zoológico paranoico e alcaloide de Los Angeles para, depois de uma breve temporada num hotel-palacete em Grunewald, instalar-se no seu lendário apartamento de sete quartos num primeiro andar em Schöneberg, bairro genérico na parte ocidental da cidade. Ali morou, entre idas e vindas, pelos próximos três anos. O alienígena finalmente encontrava outro Planeta. Bowie e Berlim jamais seriam os mesmos.

Chegou aqui em estado de colapso físico e mental, buscando anonimato e detox na cidade barata — isolada do mundo como uma ilha dentro do bloco comunista. Apaixonado pelo Expressionismo alemão, por Fritz Lang, por Brecht e pelo Krautrock, e com uma visão romântica da República de Weimar, Bowie sabia para onde estava indo — embora não fosse capaz de imaginar que em tão pouco tempo ultrapassasse sua crise concluindo uma trilogia de discos (*Low*, *Heroes* e *Lodger*) que mudaria a sua carreira e, com ela, a história da música popular. Especialmente em *Heroes* (1977), gravado com Brian Eno e Tony Visconti no Hansa Studio *by the Wall*, de onde eles podiam ver as estrelas vermelhas nos quepes dos soldados da torre de segurança do outro lado, quando Potsdamer Platz ainda era uma terra de ninguém destruída na Segunda Guerra e riscada pelo muro.

(E não podemos esquecer os dois primeiros álbuns solo de Iggy Pop, que Bowie produziu e ajudou a compor no mesmo lugar — ao mesmo tempo que trabalhava na sua trilogia. Se "Heroes", a maior canção de Bowie, virou um hino da cidade e da queda do muro, "Passenger", de Iggy, é uma ode ao S--Bahn, sistema de trens suburbanos que ele costumava usar até Wannsee. Sem falar de "Lust for Life" — eterna música-tema sobre ficar chapado em Berlim.)

O que Bowie fez por aqui enquanto estava fora do estúdio está disperso em entrevistas, livros, lendas e canções. Entre eufórico e deprimido, diz-se que foi expulso de um palco porque ninguém o reconheceu, que frequentava cabarés, que pintava num ateliê em casa, que quase se matou acelerando um carro contra uma pilastra numa garagem, que se separou da mãe do seu primeiro filho, que namorou uma *drag queen* (Romy

Haag faz disso uma carreira até hoje) e que não exatamente se desintoxicou, indo parar num hospital enfartado por uma overdose de cocaína.

Patti Smith escreveu na época: "Imagino Bowie em Berlim apaixonado pelo mundo inteiro ou totalmente morto."

Talvez Bowie estivesse ocupando esses dois lugares ao mesmo tempo. Apaixonado pelo desconhecido, nos outros e nele mesmo, caminhando pelos vastos espaços e cicatrizes de Berlim, ele deixaria de ser, mais uma vez, quem era. Muito morto, profundamente acordado. Como tantos antes e depois dele, entre ruínas que ecoam o passado e uma *weltschmerz* difusa, Bowie se reinventou na cidade-portuária sem mar, mas com horizontes internos tão grandes quanto o céu aberto em seus parques.

Pensei em Bowie — e em você — na semana passada quando vi uma raposa. Era pouco mais que duas horas da manhã na Schönhauser Allee, artéria movimentada de Prenzlauer Berg, onde, durante o dia, automóveis, bicicletas, bondes elétricos e uma linha suspensa de metrô convivem sem hostilidade. Ali, de madrugada, sob o silêncio e a escuridão meio sépia que faz as esquinas de Berlim parecerem câmaras anecoicas, a raposa atravessava a rua lentamente.

Eu parei de caminhar, e a raposa me olhou com prateados olhos felinos — eles refletiam a luz dos postes como nas fotografias da nossa infância. Ela tinha o pelo castanho-avermelhado e um rabo longo, uma pena gigantesca suspensa no ar.

Como outros animais selvagens que povoam a cidade (guaxinins, castores, águias e javalis, até), as raposas vivem na vastidão de Berlim e suas florestas urbanas, trilhos abandonados e lagos. Navegam pelas ruas à noite de um ponto a outro da cidade aberta. Imigrantes eternamente em trânsito, como quem não pertence a lugar nenhum — como quem pertence a todos.

A CÓPIA DA CÓPIA EM MACAU

(Macau / Março, 2012)

Q UANDO ABANDONO OS CORREDORES DE MÁRMORE do meu hotel-cassino francês, onde um chinês me saúda com "bonsoir", encontro sobrados e igrejinhas coloniais com lanternas vermelhas, pedras portuguesas no chão e, ao fim da rua cortada por becos esfumaçados e pensões obscuras, as torres dos cassinos gigantescos flutuando como espaçonaves na chuva — Wynn, MGM, Galaxy, Sands, a maioria deles construída depois que a soberania de Macau foi transferida de Portugal para a China em 1999.

Depois de dobrar esquinas a esmo pela cidade inédita, me perder em salas de jogo do tamanho de quarteirões e deixar quarenta dólares no ímpar preto para depois ganhar vinte no vermelho 13, encontro alguns novos amigos no topo de uma das torres, de onde se tem a dimensão aérea dos monumentos verticais de dinheiro e insensatez. Ainda iremos a outra boate e a um terceiro subsolo com lasers fatiando nuvens de fumaça e imprimindo pontos coloridos nas pernas descobertas e muito brancas das mulheres chinesas.

Na saída, arrumo uma briga com membros da máfia local ao defender, com a pureza dos bravos e suicidas, uma jovem malaia de uma cantada grosseira na calçada. Um sujeito saca uma faca da cintura, mas logo alguém consegue tirar a moça dali. O cassino que a protege nega a minha entrada — ela acaba sumindo por trás da vitrine blindada e cravejada de ouro e diamantes. Rapidamente o evento se transforma num embate diplomático em pelo menos quatro línguas, com empurrões e promessas de socos e pontapés sendo distribuídos. No meio do tumulto, que já lota a calçada de gente, sou puxado por um manobrista. Ele abre a porta de uma limusine preta e me empurra lá dentro.

É o que me salva: peço para o chofer que corra e ofereço uma nota enquanto mato o resto da garrafa de champanhe quente no balde. Pouco depois, o carro para e o homem abre a porta sem dizer palavra. Sou deixado perto das casas estreitas da Fok Long San Kai — em cantonês, a rua Nova da Felicidade Abundante, uma antiga zona lupanar da cidade —, onde amanheço comendo sopa picante numa barraquinha montada sobre um triciclo.

Volto trançando as pernas para o hotel — e não é apenas porque estou bêbado e fugindo de confusão que caminhar pela ex-colônia portuguesa na China é uma experiência desconcertante. Um quarteirão resume séculos de colonialismo e umas poucas e selvagens décadas de globalização em arranha-céus de néon emparelhados com sobrados portugueses e ruelas medievais. Cada esquina diz muito sobre a Europa e a China deste século em perpétua abertura, sobre a passagem do tempo — e, claro, sobre Portugal, essa senhora austera que nos olha de cima, ainda que estejamos no topo da escada.

Mas a principal lição de Macau talvez seja sobre o contemporâneo e o simulacro. Aqui, há uma imitação da imitação da Veneza que existe em Las Vegas. Fica no Venezian, que é o maior cassino do mundo e fatura o mesmo que a cidade inteira de Las Vegas leva com o jogo a cada ano.

É a sexta maior construção já feita pelo homem, com 980 mil metros quadrados, 3 mil quartos e não sei quantos canais cheirando a cloro com gondoleiros filipinos cantando "O Sole Mio" sob um céu artificial em perpétuo crepúsculo. A Europa também está em outros cassinos, como o MGM, onde há uma mini-Lisboa com uma estação do Rossio inteira dentro. E no fajuto cais de pescadores, onde vemos um anfiteatro romano, uma vila mexicana, prédios art déco de Miami e mais uma imitação de Portugal e outra da própria China.

Em quantos séculos ou décadas as pessoas vão deixar de diferenciar essas cópias em estilo Epcot Center dos prédios históricos da cidade? Até que ponto uma igreja em estilo colonial português na Ásia, como a Igreja da Sé, onde entrei e ouvi Roberto Carlos e sua cantilena religiosa pelas caixas de som, é mais autêntica do que qualquer um desses monumentos ao kitsch? Pois chinesa ela não é.

E ainda: dá pra relacionar a sensação que um português recém-chegado a Macau no século XVIII tinha ao encontrar o calçamento copiado das ruas de Lisboa com a nossa olhando essas novas cópias no século XXI? O que faz da cópia coisa orgânica, autêntica e real? Quanto tempo?

Não sei. Mas responder as perguntas que Macau nos faz o tempo inteiro ajudaria a desatar uma fita de Moebius local: como foi que os bares da tradicional avenida Mem de Sá, na Lapa, Rio de Janeiro, começaram a parecer com as cópias de bares do Rio encontradas em São Paulo?

A TORRE DE BABEL DE HONG KONG

(Hong Kong / Abril, 2014)

Hong Kong é um território autônomo chinês com traços de colonização inglesa por toda parte, mas no bairro de Tsim Sha Tsui, em Kowloon, não consigo parar de pensar em Copacabana e certos aglomerados verticais brasileiros. Especialmente na área comercial da Nathan Road — não pelas suas lojas de luxo, mas pela interrupção do panorama virtuoso da Golden Mile por meio de um conjunto detonado de cinco blocos de dezessete andares construído em 1961 e que guarda uma galáxia urbana por trás das suas fronteiras, o célebre Chungking Mansions.

Por baixo da fachada atulhada de painéis luminosos e telas de LCD fica a entrada do térreo, uma galeria com casas de câmbio anunciadas em néon, placares eletrônicos com a cotação de moedas e agências de transferência de dinheiro.

A porta do castelo é um lugar de troca e despacho de valores para o mundo — a estimativa é que 120 diferentes nacionalidades circulem por ali a cada ano. A visível maioria é de chineses, africanos, indianos e paquistaneses, muitos de turbante.

Pouco atrás do primeiro hall de elevadores começa o labirinto com milhares de bancadas de bugigangas, produtos de cabelo, sapatos, DVDs, malas, bolsas, telefones celulares e suas capas, roupas, computadores, biscoitos, laticínios, videogames, ferramentas, falafel, curry, relógios, frutas.

São três andares e três shoppings independentes que se espalham pelo perímetro da construção — se no Rio de Janeiro temos o Mercado da Uruguaiana e em São Paulo, a rua 25 de Março, a base da torre de Babel de Hong Kong é a expressão máxima desse tipo de espaço onde aparentemente tudo está à venda e é barato. A escala desse hub de muamba é tão grande que estimativas indicam que 20% de todos os telefones celulares usados na África subsaariana foram comprados ou passaram por aqui, num exemplo perfeito do que os gringos chamam de "low-end globalization". Estamos numa das suas capitais.

Nos andares superiores há cerca de noventa pensões baratas com 2 mil quartos. E não apenas: centenas de restaurantes indianos, paquistaneses, nepaleses, nigerianos, filipinos. Talvez seja o principal centro gastronômico de comida étnica do mundo — e ainda oferece banquetes pelo preço de uma coxinha em São Paulo. Pelos longos corredores dos blocos do monstro de concreto e eletricidade há também casas de massagem, karaokês, esconderijos para criminosos, cortiços de imigrantes ilegais, viciados chapados nas escadas estreitas e escuras. Há lendas que envolvem fantasmas, histórias de assassinato e incêndio. E também histórias agridoces de amor — veja *Chungking Express*, longa de 1994 de Wong Kar-Wai filmado aqui.

Na década de 1960 o condomínio era sofisticado, residência de comerciantes ricos, burocratas e oficiais. Hoje me deito numa cama de solteiro sobre um lençol puído e encaro um ventilador com a pá quebrada. Neste quarto, de pé, estico os braços e espalmo as mãos nas duas paredes. Abro a esquadria de alumínio da janela do 12º andar e um varal de roupas encobre minha visão. Encontro espaço entre duas camisolas e olho para baixo: uma espiral de persianas sujas desce até um arranjo de retângulos cinza cobertos de lixo, a cobertura das galerias comerciais.

Lá embaixo, Hong Kong anoitece numa nota grave. Todas essas pessoas devem estar com saudade de casa.

NOTAS DE ZAGREB

(Zagreb / Junho, 2014)

Viagens são como contos. Tanto quem os lê quanto quem os escreve aguarda algo fortuito, a história de uma mutação, um novo destino. Não escrevo sobre turismo, mas sobre viajar, o que sempre esconde a esperança de uma epifania — algo que o guia ou o testemunho do cartão-postal não vai oferecer.

Esse tipo de revelação costuma ser silenciosa. Muitas vezes tarda, oculta pela banalidade do álbum de fotos, das descobertas fáceis, da comparação rasteira entre o país natal e todo o resto. Mas, quando acontece, parece ser possível identificar e organizar a história secreta da vida, tirá-la do subterrâneo: narrá-la até pressentir o acidental.

O deslocamento e o extraordinário criam a impressão de que é mais fácil fazê-lo fora de casa. Não há maior cortina de fumaça que a rotina doméstica — e talvez seja por isso que precisemos viajar.

*

Escrevo sobre viagens oraculares num país onde existe um oráculo telefônico, uma espécie de Google da época do marechal Tito. Há um número de informações gerais, não do tipo que dá endereços, mas que tira dúvidas sobre tudo. O número local é 0118981 e internacional +385118981 (apenas em croata).

Num almoço alcoólico sob a sombra das árvores do parque nacional de Krka, nosso grupo de escritores conversa sobre drinques estranhos, como a mistura de vinho branco com Coca-Cola que estudantes bebem na costa norte do país. Qual o nome? Ligamos.

A atendente do Osnovne Informacije pede um momento e crava: Lovranksi.

*

O caráter eslavo banhado pelo Adriático, uma capital de arquitetura austríaca cercada por bairros-dormitório socialistas, a costa com cidades-cenário de inspiração veneziana como Šibenik: a Croácia é cheia desses contrastes e eu queria estar mais acordado para vê-la.

*

Sou entrevistado por um programa de televisão, onde mostram imagens minhas daquela mesma manhã, tentando jogar bola num amistoso promovido pelo festival que me convida, o FEKP, Festival Europeu do Conto. Tento me recuperar do constrangimento quando o âncora da HRT1 pergunta sobre a estreia do Brasil na Copa. Como um atendente do Osnovne Informacije, eu respondo sem hesitar "Croácia 1 × 0 Brasil". Acertei o resultado até o minuto 29 do primeiro tempo.

*

De madrugada, num bar de madeira numa das artérias desertas de Zagreb, bebo com uma professora que nasceu iugoslava, virou croata e, desde julho do ano passado, tem passaporte europeu. Escreve em latim, lê cirílico, é doutora em literatura, toca violino clássico — cresceu e educou-se num país socialista. Ela me conta sobre um aluno de 17 anos que se jogou nos trilhos da estação semana passada. Na manhã da tentativa de suicídio, os dois conversaram sobre Anna Kariênina. A recomendação foi dela e o garoto adorou o livro. Ele sobreviveu, mas perdeu o braço direito.

— Você me faz lembrar dele. Por quê? — pergunta com um meio sorriso no rosto, o olhar perdido como uma escultura.

PARQUE CHAS, O UMBIGO DE BUENOS AIRES

(Buenos Aires / Abril, 2016)

Os NÚMEROS DESMENTEM QUE BUENOS AIRES seja a maior cidade do mundo. Pior para os números: ela é infinita.

Geométrica e plana, Bs. As. tem a avenida mais larga do planeta (9 de Julio, 140 metros, 22 faixas em alguns pontos) e uma das mais compridas (Rivadavia, 35 quilômetros, da Plaza de Mayo até o rio Reconquista). Se Manhattan é uma ilha, a Cidade do México, um vale, e São Paulo e Tóquio cidades que acabam milhares de vezes em viadutos, estradas e pontos intransponíveis para depois começar de novo, a capital argentina nos oferece uma impressão de amplitude pedestre que não existe fora daqui.

Não importa onde comecemos. Podemos caminhar em linha reta por dias e ainda estar sobre uma calçada, cercados por casas, pastelarias, prédios, cafés, teatros, *kioskos*. E, se insistirmos um pouco mais, não chegaremos à monstruosa avenida General Paz, que cerca a capital, mas sempre ao mesmo lugar: o pequeno enclave de Parque Chas.

Não é o fim do caminho, mas outro começo. O anacrônico bairro de casas e prédios baixos ao norte é o único que se rebelou contra a disciplinada trama urbana da capital. Evitado por taxistas e conhecido como o Triângulo das Bermudas portenho, é o único lugar da cidade onde as ruas são curvas e, mais que isso, circuncêntricas — batizadas com nomes de localidades europeias, como Cádiz, Marselha, Berlim e Londres.

Parque Chas é o silencioso umbigo de Buenos Aires, onde o traçado de ruas e avenidas converge para o ponto em que as direções do tempo e do espaço se encontram e se anulam num instante puro e vazio. Bioy Casares a chamava de "verdadeiro labirinto" — e não é pouco ser labirinto da cidade labirinto.

De fato, aqui é impossível dar-se a volta num quarteirão. No carro, ao seguir o consagrado método de virar sempre à esquerda ou direita por três vezes, sempre terminaremos num outro lugar e, ao repetir o procedimento, numa terceira esquina, jamais voltando ao ponto de partida. Igualmente se perderá o distraído pedestre que quiser sair — voltará à rotunda central, atraído por forças gravitacionais e sabe-se lá qual ordem ancestral e secreta.

É que perder-se aqui é voltar ao mesmo lugar. Em Buenos Aires, estamos sempre recuperando algo que perdemos, escafandros de nós mesmos — mergulhando em águas onde nossa biografia se cruza com o mito.

O FAROL DO FIM DO MUNDO

(Formentera / Junho, 2013)

PASSAVA DE UMA HORA DA MANHÃ quando chegamos ao Faro de la Mola pela primeira vez. A lua estava cheia, era uma noite clara de verão na ilha de Formentera, ao sul de Ibiza, na Espanha. Quando nosso carro ultrapassou um platô cercado por desfiladeiros e isolado do restante da ilha, com umas poucas casas brancas, uma igreja e um moinho, a planície se impôs no vazio de uma longa reta até avistarmos, ao fim da estrada, o farol varrendo o escuro em fatias de luz. Era um totem com olhos incandescentes para além do abismo.

A construção de 1861 tem vinte metros de altura e está debruçada sobre um penhasco de duzentos metros acima do Mediterrâneo. O árido panorama de pedra, com horizontes mais largos que a vista, invoca uma paisagem lunar. Não por acaso, Júlio Verne inspirou-se nesse lugar para escrever *Hector Servadac* (1877), cujos protagonistas viajam pelo espaço sobre um pedaço da Terra arrancado por um cometa. Os precipícios que guardam a área plana perto do farol delimitam um espaço que pode ser tanto um aeroporto para óvnis quanto a própria representação de outro planeta.

Estávamos sós. A casa do faroleiro apagada, nenhum outro carro estacionado. Seguimos o rastro luminoso do farol até a extremidade última da ilha, um ângulo de noventa graus em pedra que despenca até onde o oceano castiga a costa em explosões de espuma. No caminho, encontramos pequenas pirâmides e arranjos improvisados com pedregulhos entre as trevas da vegetação rasteira. Obras de hippies ou moradores entediados que, naquele panorama remoto, pareciam inumanas e sinistras.

Quando chegamos até onde não poderíamos mais andar, nenhuma cerca nos separava do fim.

Como a vertigem é o impulso da queda, você não tem vertigem. E eu tenho. Por isso, você caminha na minha frente. Eu paro com as pernas trêmulas e vejo você avançar um pouco mais, desafiando o vazio. O mar bate lá embaixo, as estrelas brilham sobre as nossas cabeças — próximas como aqueles adesivos fluorescentes colados ao teto da sua infância, você diz.

Verne sabia que a viagem de dois anos pelo cosmos proposta em *Hector Servadac* era impossível. Por mais que ele cientificamente sugerisse dias mais curtos, menor gravidade ou um sol que nascia no poente — "todo um universo de cabeça para baixo" —, não existe possibilidade de que uma pequena atmosfera acompanhe pela galáxia um cometa com partes do mundo acopladas a ele (a ilha de Formentera inclusive) e seres vivos. Por isso, o capitão francês que escreve poemas de amor se chama Servadac. O nome ao contrário grafa-se *cadavres* — "cadáveres".

No capítulo 4, o capitão Servadac trabalha num rondó para a sua amada. É um poeminha bobo sobre como juramentos e blá-blá-blá são inúteis perto do verdadeiro amor, sugerindo uma práxis amorosa acima do discurso. Pouco antes de ser atingido pelo cataclismo que irá arremessá-lo ao universo, ele parece esquecer isso e volta a fazer promessas à mulher que enxerga por trás do papel. O impacto interromperá suas palavras: "Acredite, o meu amor é seguro!/ Eu prometo/ Que eu te amo, eu juro/ E para..."

Em Formentera você olha para trás e me chama, estendendo a mão. Eu venço o meu medo de altura, nos beijamos a um passo da queda livre. Hoje à noite, a luz do farol do fim do mundo continuará seu movimento pelo Mediterrâneo. E assim será, até que nos alcance outra vez.

FLÂNEUR DE PASSEATA

(Paris, 2006 / Istambul, 2013)

AO CONTRÁRIO DO QUE RECOMENDAM GUIAS turísticos e embaixadas, quando encontro uma manifestação ao viajar, costumo adiar meus planos para o dia e segui-la. Enquanto não abro uma agência de turismo de protesto, relato algumas experiências.

PARIS — Em 2006, o governo francês votou e aprovou o CPE (Contrato do Primeiro Emprego), que tornava mais fácil demitir sem justa causa um jovem trabalhador. Até que o presidente Jacques Chirac revogasse a lei em abril, o que se viu nas ruas de Paris foram os maiores protestos desde maio de 1968. Cerca de 4.500 pessoas foram presas e as praças onde as passeatas terminavam muitas vezes se transformavam em cenários de batalha.

Cheguei a Paris em 1º de março daquele ano. Vi manifestações que pareciam festivais de música, desfiles em clima de Carnaval. E, depois, confrontos com a polícia, carros virados em chamas no Boulevard Saint-Germain. Atravessei vidraças quebradas na Place de la Nation, subi em pirâmides de livros dentro da livraria destruída da Place de la Sorbonne. Apesar da destruição, durante esses meses a imprensa e a sociedade francesa jamais deixaram de colocar no centro do debate público o que estava em jogo: a lei do primeiro emprego.

Numa daquelas belas tardes de primavera em Paris, os policiais outra vez avançaram contra a multidão pacífica. Ao lado dos cineminhas da Rue des Écoles, percebi que um soldado se esgueirava por trás da linha de frente da polícia, cochichando no ouvido de cada um dos homens de azul. Eles recolocaram as máscaras de gás, um agouro sinistro para os poucos que percebiam a ação. Depois a nuvem rançosa tomou o céu e os extremos da rua. Os manifestantes corriam e choravam — alguns vomitaram suas ideias ali mesmo, pelas calçadas.

Corri até o Collège de France, onde fiquei sitiado por umas seis horas, ao lado das estudantes de ciências sociais mais intensas do mundo. Uma delas me ofereceu um pano com vinagre e a mão esquerda.

ISTAMBUL — As manifestações ao redor da praça Taksim contra o governo autoritário do primeiro-ministro da Turquia, Recep Tayyip Erdoğan serão lembradas pelos brasileiros não apenas como contemporâneas aos nossos protestos de 2013. São muitas as semelhanças.

Em junho, fui ao protesto convocado para lembrar os mortos nos últimos meses — foram arremessadas flores aos policiais e muitos apontavam espelhos para eles. Tudo corria na santa paz das cantorias e palmas quando às seis da tarde uma mensagem foi emitida por caixas de som. Uma voz monocórdica de mulher ordenava que saíssemos da praça. Num ritual ensaiado, a polícia começou a avançar com cassetetes, tiros de efeito moral e gás lacrimogêneo.

    Corremos e corremos mais. Uma hora depois, estávamos num restaurante e começamos a sentir cheiro de gás. Mulheres e crianças aos prantos refugiaram-se por lá. De novo, fugimos e fomos beber cerveja numa área boêmia de Beyoglu. A polícia logo transformou a rua de bares e gente jantando num campo de guerra. Numa daquelas tardes, falei sobre o protesto num programa de TV e comentei suas semelhanças com o que estava acontecendo no Brasil. Tive que ouvir de um comentarista que a polícia brasileira vai aos protestos para proteger os manifestantes. Nada pode ser mais errado: cá como lá, é a polícia que costuma inaugurar a violência em protestos — um traço de autoritarismo que iguala qualquer governante brasileiro a um ditador como Erdoğan.

ENTRAR EM GAZA

(Gaza / Julho, 2015)

Chega-se ao checkpoint de Erez depois de uma corrida de táxi de aproximadamente dez minutos desde a cidade de Asquelom, a apenas cinquenta quilômetros de Tel Aviv. A estrutura parece a de um aeroporto cinzento, mas logo veremos que por trás desse terminal não há aviões e sim uma zona militar.

Na entrada, depois de um painel que anuncia "Welcome to the Erez Crossing", passo minha mochila por um detector de metais na frente de um soldado armado com uma metralhadora. O lugar está deserto. Foi construído para receber 45 mil pessoas por dia, mas não há filas na frente das cabines de imigração. Sou o único que parece querer entrar ou sair de Gaza nessa tarde — poucos palestinos têm autorização para sair, uma política que vem apertando desde 1991, e israelenses têm o acesso proibido. Sem muitas perguntas, a oficial confere meu passaporte, a credencial de imprensa emitida pelo governo israelense — é o que me permite seguir adiante —, e me despacha com um sorriso vago.

Deixo o ambiente refrigerado do hangar e agora estou num pavilhão calorento onde caminho por gaiolas e roletas altas. A estrutura lembra a de uma cadeia de segurança máxima. No retorno, atravessarei a construção por outro lado, onde eu e minha bagagem seremos revistados por guardas palestinos, detectores de metal e aparelhos de raios X. Obedeceremos a ordens dadas via interfone. Desde os atentados na Segunda Intifada, as autoridades israelenses ficam num mezanino blindado. De lá, observam nosso caminho em zigue-zague por uma série de cancelas cujas luzes passam de vermelhas a verdes. Todos esses mecanismos são remotamente controlados por seres humanos que não vemos. O pequeno alívio cada vez que ultrapassamos um deles nos iguala a hamsters num labirinto de laboratório.

Mas aqui ainda estamos no caminho de ida e a sensação é outra: expectativa pelo desconhecido. E logo o que vemos, depois da última roleta, é um muro de concreto. Nele há uma porta desgastada de metal que desliza lentamente. Trata-se do único acesso para civis à Faixa de Gaza no momento. Quando a porta abre, não há ninguém. A primeira coisa que vemos ao sair de Israel é essa gaiola que evolui até transformar-se num corredor cercado de um quilômetro e meio de comprimento a céu aberto.

Fora das grades há uma planície de mato rasteiro. Ao longe vemos alguns destroços e, do lado israelense, a muralha com torres de segurança. No céu, balões filmam a fronteira. De vez em quando, ouvem-se tiros de advertência. O corredor coberto por um teto de zinco é longo o suficiente para que, no meio, tenha-se a impressão de que é infinito.

Mas não é. E chegamos a um galpão com Wi-Fi grátis e cadeiras de plástico. Estamos em Khamsa-Khamsa, ponto de controle da Autoridade Nacional Palestina, por onde passamos antes de pegar um táxi sem preço definido (paga-se algo entre três e dez shekels) até o próximo checkpoint, este sob responsabilidade direta do Hamas. A fronteira dupla do lado palestino existe porque Israel supostamente não tem comunicação direta com a organização palestina que ganhou as eleições aqui em 2006, daí a entrefronteira.

A mala então é aberta (procuram material proibido, como bebidas alcoólicas) e o passaporte é retido até que um *fixer* chegue com uma autorização previamente protocolada no Ministério do Interior. Sem a autorização, assinada pelo governo do Hamas, a entrada em Gaza é impossível.

Na manhã de uma quinta-feira de Ramadã, chego ao bairro de Shujaiyeh. Vejo dezenas de crianças brincando entre destroços em ruas empoeiradas de terra batida. Não parece que estamos sitiados, e sim num conto de fadas distópico. O *fixer* diz: "Está vendo quantas crianças? É gente demais para eles apagarem." Um milhão e oitocentas mil pessoas numa tripa de quarenta quilômetros de comprimento, para ser mais exato.

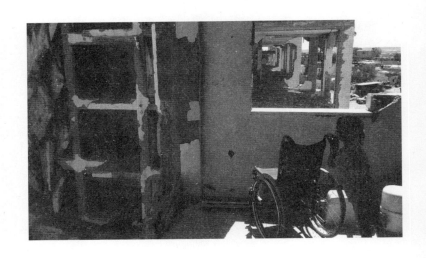

SAIR DE GAZA

(Gaza / Julho, 2015)

Do outro lado do muro, a voz arenosa e fria pelo telefone: "É impossível. E amanhã é o Shabat. Você vai ter que esperar até domingo."

A confusão entre um representante do Hamas e o meu *fixer* em Gaza fez com que eu chegasse à fronteira atrasado, num dia em que Israel também fechou a porta antes do horário. O desencontro me presenteou com duas noites a mais no maior presídio a céu aberto do mundo. A fronteira estaria fechada pelas próximas 48 horas, e nem em caso de tragédia humanitária seria aberta.

Dar com o nariz nesse muro foi desagradável, mas experiência de proporções microscópicas perto do que é viver sitiado num retângulo de quarenta quilômetros de costa por seis a doze de profundidade. Eu sabia que domingo, se tudo desse certo, estaria do outro lado daquela cerca. Os palestinos de Gaza não têm a menor ideia de quando vão poder sair.

Voltei para o meu hotel, onde era o único hóspede. Por uma diária de sessenta dólares, eu tinha ar-condicionado e uma parede envidraçada com vista para o Mediterrâneo. E para um pôr do sol grandioso, com o sol vermelho sendo engolido pelo oceano, a projetar uma avenida de moedinhas douradas crepitando sobre o azul até o ponto onde o mar risca elipses na areia.

Os poucos que se arriscam a mergulhar são meninos vestidos com camiseta e bermuda ao redor de barcos de pesca encalhados. E um senhor, levando a cabra para tomar banho. Como durante o mês do Ramadã todos jejuam do nascer ao pôr do sol, depois do café da manhã (exceção que o hotel abriu ao estrangeiro) não há nada para comer na cidade inteira. Passei o fim de tarde fumando narguilé para matar a fome num dos cafés com mesas de plástico postados na areia da praia.

Olhando para a direita, dá para ver as chaminés da gigantesca estação de energia do lado israelense, a poucos quilômetros dali. Mas as distâncias aqui não dizem muita coisa: só há energia elétrica em Gaza durante um terço do dia.

Se o palestino é normalmente simpático, em Gaza a hospitalidade é ainda maior. Como praticamente não há estrangeiros e o turismo inexiste, o gringo com a câmera é seguido por crianças curiosas e, num mercado ou até dentro de uma mesquita, é interrompido a cada dez metros com um pedido de fotografia ou selfie. Em cafés, é comum que não aceitem gorjeta ou cobrem pela garrafa d'água — inclusive durante o dia, quando eles mesmos não podem beber por causa do Ramadã.

À tarde caminhei do hotel até o Al-Shati, conhecido como Beach Camp, o terceiro maior campo de refugiados da Palestina. Neste favelão horizontal na beira do mar há outdoors com o rosto de mártires a cada esquina. O lugar é velho o suficiente (foi fundado em 1948) para em muitas quadras ter traçados e aspecto de bairro. Ainda assim, num lugar como este no Brasil eu não andaria sozinho e com uma câmera fotográfica a tiracolo. Aqui, entro em becos e tiro fotografias sem temor. O perigo é outro e está do outro lado da fronteira.

Depois de matar o jejum, ultrapassei a parte alta de Gaza até o *souk* central da Cidade Velha em ruas apinhadas de gente ao redor de um comércio exclusivamente iluminado por geradores a gasolina. Somado às buzinas, o barulho é infernal. Apesar da multidão e de lojas abertas até a madrugada, as únicas que parecem comprar alguma coisa são mulheres cobertas de *hijab* ou burca. Disputadas pelo grito dos vendedores, elas param em frente a vitrines com manequins vestidas com saias curtas, tops ou blusas de seda. Roupas que só usarão dentro de casa — em geral, apenas na frente do marido ou de amigas.

Volto de madrugada para um iluminado parque de diversões na beira do mar. Famílias comem diante de telões que exibem seriados de TV da Síria, com antigos guerreiros árabes de barbichas aparadas. Fumo outro narguilê. O garoto que troca o carvão puxa papo e eu pergunto se ele pensa em sair de Gaza um dia.

— Sim. Mas só se for para voltar — ele diz.

JERUSALÉM, RAMALLAH

(Jerusalém / Julho, 2015)

Entrando na Cidade Velha de Jerusalém pelo portão de Jaffa, se você seguir em linha reta pela rua de São Marcos, depois de uns cinco minutos de caminhada haverá um beco chamado Habad Street à direita. Ali você encontrará uma escada de metal. Suba a escada. Toda a confusão do mercado e dos turistas desaparecerá enquanto você caminha sobre os telhados de mesquitas, igrejas e do *souk*. É o único lugar onde Jerusalém, centro das três maiores religiões monoteístas do planeta, conquistada e perdida 44 vezes, parece uma cidade tranquila.

Entre minaretes e campanários vejo o pôr do sol, a luz caindo sobre o domo da Rocha e, por trás dele, o monte das Oliveiras. E, também, os telhados e janelas das casas de quem insiste em morar aqui — os judeus com as caixas-d'água brancas, os muçulmanos com as mesmas pintadas de preto, remanescentes do sistema jordaniano. Para muitos, a Palestina começa aqui à leste da cidade, em Jerusalém Oriental. É num dos seus limites onde horas mais tarde vou a um jantar de Shabat na casa de israelenses.

Eles moram num dos bairros "palestinos" da cidade, ou seja, ocupam ilegalmente um prédio em área de assentamento.

Ao lado, vizinhos estouram fogos de artifício sem parar — os muçulmanos comemoram a terceira sexta-feira do Ramadã. Aqui, comemos comida judaica e bebemos vinho palestino.

Um dos convidados, um jovem estudando para ser guia de turismo, coloca um disco de Caetano Veloso no YouTube. Está eufórico: acaba de ganhar de presente de aniversário um ingresso para o show. A música brasileira faz parte da vida dos israelenses num tom de nostalgia afetiva que faz lembrar a relação dos japoneses com João Gilberto.

Comemos um banquete na varanda. A lua cheia e laranja parece um objeto estranho e obsceno na paisagem. Nas colinas do outro lado, o muro separando Israel dos territórios ocupados também.

Nesse mesmo dia, um comandante do exército israelense matou um garoto de 17 anos com três tiros: um na cabeça, um no ombro e outro nas costas. O garoto estava jogando pedras num jipe que fazia a guarda do checkpoint de Qalandia, no caminho para Ramallah, capital da Autoridade Palestina. É para onde vou na manhã seguinte.

Ultrapasso a torre-panóptico entre os muros pichados de Qalandia depois de pegar o ônibus 219 num terminal pouco depois da zorra do Portão de Damasco. A viagem de dez quilômetros dura meia hora. Em quinze minutos, já se pode ver a monumental barreira de concreto, arame farpado e câmeras de segurança que acompanha nosso caminho até que passemos para o outro lado.

Depois do muro e de um grande campo de refugiados, Ramallah surge como uma série de prédios em construção e ruas irregulares até o seu centro, a praça circular de Al-Manara. Os focinhos das suas estátuas de leão apontam para as cinco ruas que ligam todos os caminhos da cidade.

Nelas, alguns arranha-céus, hotéis estrelados, painéis de LED e a efervescência capitalista que faz moradores eufóricos chamarem Ramallah de metrópole palestina, pequena Dubai ou Istambul. O exagero é evidente, como também são os indícios de bolha e, hoje em dia, ressaca econômica.

A poucos metros do centro nervoso da cidade, depois de um posto policial semiabandonado, vemos terrenos baldios, pastores conduzindo rebanhos de ovelhas e vendedores de galinha. De qualquer forma, comparada aos quarteirões mais abandonados de Jerusalém Oriental, Ramallah parece uma Times Square árabe.

Termino o dia fumando *sheesha* em mais um daqueles ruidosos cafés onde mulheres e álcool não são permitidos. Faço parte da minoria que poderá atravessar aqueles muros no dia seguinte.

FICAR EM CABO VERDE

(Cidade da Praia / Fevereiro, 2016)

O PENSADOR PORTUGUÊS EDUARDO LOURENÇO, NUM dos seus ensaios mais célebres, "Tempo português", define seus compatriotas como detentores de um "destino de povo marítimo, viajante, separado de si mesmo pelas águas do mar e do tempo". Predestinado ao desterro, o português viveu e vive simbolicamente numa ilha — segundo Lourenço, ilha--saudade, ilha mítica por excelência da Europa, ocupada por um povo em fuga de si mesmo. Ao longo dos séculos, esses ícaros jogaram-se ao desconhecido buscando um sol separado deles pelo oceano e por quedas vertiginosas. Com eles, levaram milhões. Não que todos quisessem.

Após as tragédias do etnocídio indígena no Brasil e do brutal regime escravocrata em todas as colônias, a herança central que os portugueses deixaram nessas terras além da língua, da cruz e do pelourinho foi a mesma dúvida de ilhéu: ficar ou partir? Pois a ilha é um território cercado por esta pergunta, sob a dupla sentença do exílio e da saudade. O projeto de buscar-se a si mesmo fora, ir para regressar — e talvez perceber-se mais à vontade no mundo que em casa. Bonita melancolia que, no entanto, pela história uniu poetas a traficantes de escravos.

Talvez o projeto de instalar-se à margem do mundo com tal estado de diáspora mental tenha sido levado à perfeição em Cabo Verde. Até a segunda metade do século XV não havia nada além de pedras no vulcânico arquipélago africano, e agora há. Os seres humanos mais bonitos e elegantes do mundo a dançar as mornas mais bonitas e mais tristes. E que sonham em emigrar ou já dizem adeus: há muito mais cabo-verdianos fora do país que aqui.

Depois de poucas horas flanando sob coqueiros e um sol castanho, entre o mar turquesa e as calçadas de pedra da Cidade Velha, a primeira urbe colonial nos trópicos, mistura de Recôncavo baiano com Caribe na África subsaariana, tenho vontade de aprender crioulo, alugar uma casa e fincar base, fazer o contrário de tantos que passaram por essas terras — piratas como Francis Drake, navegadores como Fernão de Magalhães, figuras como Charles Darwin, cujo diário de navegação do HMS *Beagle* tem início onde boa parte do mundo como o conhecemos começa: Cabo Verde.

Assim talvez eu possa, enquanto brasileiro também ilhéu, convencer alguns a interromper essa maldição herdada dos portugueses — que projetemos, enfim, nossa nostalgia para o futuro dos nossos próprios paraísos perdidos.

JULIO CORTÁZAR E O OLD NAVY

(Paris / Junho, 2006)

No seu comovente necrológio sobre Julio Cortázar, Gabriel García Márquez escreveu sobre a primeira vez que viu o escritor argentino em Paris, no "outono triste de 1956". Em tradução própria:

> Alguém me disse em Paris que ele escrevia no Café Old Navy, no Boulevard Saint-Germain, e ali o esperei por várias semanas até que o vi entrar como uma aparição. Era o homem mais alto que se podia imaginar, com uma cara de criança perversa dentro de um interminável abrigo negro que parecia mais a batina de um viúvo, e tinha os olhos muito separados, como os de um novilho, e tão oblíquos e diáfanos que poderiam ter sido os do diabo se não estivessem submetidos ao domínio do coração. [...] Eu o vi escrever durante mais de uma hora, sem uma pausa para pensar, sem tomar nada mais do que meio copo de água mineral, até que começou a ficar escuro na rua e ele guardou a caneta no bolso e saiu com o caderno debaixo do braço, como o estudante mais alto e mais magro do mundo.

Mesmo sem saber dessa e de outras histórias sobre o Old Navy, esse foi o primeiro bar em que pus os pés, na minha primeira noite na cidade, quando ainda acreditava na metafísica e quando ainda acreditava em Paris — o que pode ser a mesma coisa. Cheguei ali por puro acaso, como um cego guiado por um cão invisível. Não haveria outro motivo: a fachada do Old Navy com suas bandeirinhas rasgadas é a menos convidativa num raio de quilômetros.

Apesar de estar numa região nobre e turística de Paris, o Old Navy era um bar sujo e sem atrativos, tirando o de ser um dos poucos lugares na cidade onde se pode comer um bife às duas horas da manhã. As paredes são pintadas com cor de vômito, as poltronas são desbotadas e rotas como as de um cinema pornô e há quase sempre uma televisão de plasma ligada na VH1, passando videoclipes em alto volume. Nada aqui nos nega o fato de que não estamos mais no outono triste de 1956, quando Paris era a meca de qualquer escritor, quando existia um Julio Cortázar caminhando pela cidade, e não só ele.

Às vezes, pela madrugada, acontece um pequeno concerto de voz e violão, uma sessão de karaokê ou um encontro de músicos de jazz. Mas o Old Navy, que tem algo de bar-tabacaria de estação de trem ou de cidade portuária, não é frequentado por jovens parisienses despenteados que parecem ter saído de um ensaio fotográfico. Nada é sofisticado, alegre ou sequer bonito no Old Navy, bar onde já testemunhei, entre outras, a chegada do demônio — numa noite invernal, entrou pela porta um homem tão fedorento que, depois que rumou ao banheiro, foi seguido pelo gerente com um spray de desodorizante nas mãos. Aquele era o cheiro de todas as cloacas do mundo e alguns fregueses foram embora. A maioria suportou estoicamente o cheiro — e pediu mais vinho.

A depender do dia da semana, o bar fecha mais ou menos tarde, mas sempre do mesmo jeito. Depois da conta jogada na mesa, com o gesto carinhoso que só um garçom em Paris pode oferecer, as luzes se apagam, deixando todos os clientes no escuro semitotal. A noite termina como um conto do argentino, de forma súbita e desconcertante.

Há pouco escrevi que não acredito na metafísica e que não acredito em Paris. Quero dizer que minto. E minto porque preciso esconder minha ingenuidade com cinismo. Porque soar cínico, hoje, quando o Old Navy tem uma televisão de plasma, é cada vez mais inteligente e *branché*. Porque encolher os ombros não parece uma opção, hoje, 52 anos depois das semanas de vigília de um incógnito García Márquez a seu ídolo literário nesse café, numa Paris de outono triste.

Minto, acima de tudo, porque sou idiota. Porque a verdade é que ainda acredito na metafísica e, pior, em Paris como metáfora de existência — cada vez que venho aqui, conheço menos a cidade. E, claro, porque acredito sempre no que diz o escritor argentino enquanto caminhamos alienados do mundo como duas crianças, entusiasmados e comovidos com o que ninguém percebe no voo de um pombo, no desenho rabiscado no muro, na locomotiva bufando na Gare de Lyon, nos cartazes rasgados do metrô, nas gárgulas à espreita, nos sapatos abandonados sobre os fios elétricos, nas cores da luz da tarde — em tudo que não precisa de nós para existir, como o Old Navy.

AS CRIANÇAS OBEDIENTES E ANTIGAS DA ESTAÇÃO

(Tóquio / Maio, 2007)

SE A INCOMPREENSÃO DE CÓDIGOS DE comportamento e dos três alfabetos da língua japonesa faz com que o estrangeiro se sinta uma criança incapaz de ler pessoas, cartazes, situações e cardápios com os quais trava contato, rapidamente percebo que tal criança nada se parece com uma japonesa.

Pois todas me parecem inteligentes e silenciosas como um elevador Mitsubishi. No metrô, é comum ver meninas e meninos com não mais que 6 anos riscando a cidade sós ou de mãos dadas com algum colega, indo ou voltando da escola com convicção.

Na estação de Ueno-okachimachi, vi uma moça com dois filhos bem pequenos, mal começando a andar. Um dos bebês, brincando com um boneco, afastou-se e engatinhou em direção à linha do trem. Levo um susto e caminho para alertar a mãe, que parece indiferente — uma revista sobre crochê diante do rosto. Mas logo a voz (aqui sempre há "a voz") anunciou que o trem ia chegar e o menino deu meia-volta como um coelho obediente que retorna à cartola.

No Brasil, a mãe talvez gritasse e puxasse a criança, que iria chorar e fazer escândalo. Na França, muito provavelmente o menino levaria um sopapo — o som do estalo humilhante no rosto ficaria reverberando pelos corredores da estação.

Dias depois, vi uma turma de crianças de creche brincando numa espaçosa passagem de pedestres sob um complexo de arranha-céus em Shinbashi. Duas professoras tomavam conta do grupo, que devia ter cerca de vinte pequenos japoneses. Não ouvi nenhum choro, grito ou voz alta. As crianças brincavam organizadamente — soltas, numa área pública, engatinhando no chão. Elas podiam estar ali porque o chão é limpo como o de um berçário. Não se vê um papel ou guimba de cigarro. E, como tudo por aqui parece cercado de paradoxos, tampouco se veem latas de lixo ou lixeiros. A cidade parece autolimpante.

Como se sabe, em Tóquio é proibido fumar na rua (multa de duzentos dólares). Os fumantes se reúnem em alguns pontos autorizados, com cinzeiros e exaustores. Se você estiver caminhando com um japonês fumante, invariavelmente ele vai parar num desses lugares para fumar. E não vai fumar fora dali de jeito nenhum. Pelo mesmo motivo que os pedestres respeitam o sinal de madrugada mesmo quando não há nenhum carro na rua — como crianças obedientes.

O jeito japonês é discreto e disciplinado, mas tem suas extravagâncias — às vezes mais infantis do que a própria infância. Numa quinta-feira à noite, decido seguir a indicação de uma amiga japonesa sobre um bar com música underground ao vivo: "Depois das entradas iluminadas de Kabukicho, você segue mais uns trezentos metros e, à esquerda, vai ver a entrada de um templo. É ali. Mas toma cuidado porque é meio punk demais, com motoqueiros e esse tipo de caras perigosos que podem querer arrumar briga com você."

Foi fácil chegar à rua, uma passagem escura com portais de madeira, lâmpadas vermelhas e dragões de pedra que leva ao templo de Hanazono. Numa entrada à direita, vi o luminoso do lugar. Silêncio total. Entrei com a certeza de que estaria vazio. Desci dois lances de escada e abri a segunda e a terceira porta: estava entupido de gente. Não exatamente motoqueiros ou punks.

Comandando o som, um grupo de meninas com penas de índio sioux na cabeça agitava pirulitos fluorescentes em formato de coração. Rodeado por uma Madonna de saia de tule e por sujeitos de chapéu e casaco de lantejoulas, um cabeludo vestido de caubói dançava agitando correntes como uma espécie de Fred Astaire do mundo bizarro, ao som de clássicos do cancioneiro ocidental contemporâneo como "My humps" ou "Promiscuous".

Fui até o bar tentar alguma bebida. Antes que eu conseguisse fazer qualquer pedido, um jovem de camiseta regata e cabelo espetado me ofereceu um drinque e perguntou como fiquei sabendo da festa. Quando digo que sou brasileiro, faz cara de abismo. Nesse ínterim, coisas acontecem. Um casal de negros carecas entra vestido e maquiado de Twiggy, e um deles usa um sapato bicolor de salto alto. Sobe no palco uma transformista de nome LOLITA e começa a dublar uma balada do ABBA, que todos cantam juntos como num desenho animado. Uma japonesa tira a blusa e sai rodopiando pelo salão. Ninguém parece se importar muito.

E o casting segue: mulheres vestindo roupinhas de bebê e de super-heroína de anime. Jovens de vestido longo ou saia rodada entre sujeitos de capa e dente de vampiro, erguendo todo tipo de chapéu, corrente e adereço gótico. Três meninas totalmente pintadas com bolinhas pelo corpo. Caras de pijama de oncinha. Garotas com faixas negras e amarelas pintadas no rosto.

É impossível entender os códigos e fico constrangido por aparentar normalidade dentro das minhas calças e camiseta pretas — o que pra eles talvez signifique que sou a pessoa mais estranha do lugar.

Saio dali com o amanhecer iluminando poças escarlates nas esquinas. No metrô, vejo um grupo de punks de moicano, piercing e jaquetas de couro se despedindo cerimoniosamente na plataforma, ao inclinar o tronco e acenar repetidas vezes numa espécie de gagueira gestual tão comum por aqui. Como crianças obedientes — e antigas.

ENCICLOPÉDIA DE BARES

(Tóquio, Porto Príncipe, Nova York, Frankfurt / 2007-2013)

O ESTRANGEIRO SÓ COMEÇA A TOMAR para si uma cidade quando escolhe seu bar. Não o estabelecimento da moda ou aquele contemplado pelo guia turístico, mas o balcão que lhe sorri na cidade desconhecida. Apresento aqui parte da pesquisa que tomou grande parte do meu tempo, saúde e recursos materiais nos últimos quinze anos.

TÓQUIO — O Rock Bar Mother fica numa ruela iluminada do labirinto de Kabukicho, bairro-tabuleiro-de-fliperama que é o centro do comércio ilícito da cidade.

Descobri o bar ao ouvir a música cuspida por uma escadinha estreita e desci ao subsolo. O minúsculo bar, onde devem caber umas dez pessoas, é tão escuro que o cardápio vem com uma lanterna.

Junto à seleção de bebidas há um amplo menu encadernado em volumes separados por gênero: metal, trash, indie etc. É como consultar os tomos de uma enciclopédia. Você pede o drinque com a música que quer ouvir, anotada com um código num pedaço de papel.

A comunicação entre seus calados e randômicos frequentadores se dá através das músicas que escolhem, numa espécie de batalha de gosto musical. Entende-se: o som é tão ensurdecedor que é impossível manter uma conversa. Certa noite, expulsei um jovem que estava ouvindo Metallica insistindo em Radiohead. Vai até às cinco da manhã, todos os dias.

Os próximos volumes desta enciclopédia contemplarão outros bares estelares de Tóquio, como o Hartford Cafe, com música folk em vinil e uísque, e o legendário La Jetée, na Golden Gai.

PORTO PRÍNCIPE — Bares de hotel estão sempre na mira, e na capital do Haiti está o mais emblemático deles. O fantasmagórico hotel Oloffson fica num edifício gótico francês do final do século XIX, imortalizado no romance de Graham Greene, *Os comediantes*, com o nome de Trianon.

Se no livro-denúncia o hotel parece mesmo assombrado (não por fantasmas, e sim pelos Tonton Macoutes dos anos Duvalier), numa noite de quinta-feira o clima é de festa ao som de *mizik rasin*.

O som, uma atualização da música voodoo, é comandado pela banda RAM, do pastor Richard Auguste Morse, dono do hotel desde 1987. O bar apinhado oferece, quando se consegue chegar ao balcão, um refresco para o transe sob as constantes borrifadas de perfume.

Durante a festa, esqueça qualquer drinque (vai demorar) e crave uma Prestige geladíssima sob o enorme espelho que adorna o bar. Em tempos em que nossas cervejas viraram refrigerantes alcoólicos de milho, a Brasserie Nationale d'Haïti, dona de 98% do mercado, oferece o exemplo de um produto popular de qualidade.

Numa parte da cidade ainda na zona vermelha da ONU, dá para tentar esquecer por um momento a questionável atuação dos organismos internacionais e o cenário de destruição do lado de fora.

NOVA YORK — O Milano's é um dos bares mais sujos e escuros do SoHo. Trata-se de um buraco com um balcão comprido, meia dúzia de tipos de chope, jukebox no fundo e paredes tomadas por fotos de antigos frequentadores.

Pela moda que nelas se encontra, o apogeu do bar foi numa gaveta esquecida dos anos 1980. Por que está na minha enciclopédia? A doce expectativa do reencontro. Vi Scarlett Johansson por lá no meio de um transe alcoólico de uma madrugada de terça-feira mais ou menos distante. Sempre voltei. Um belo motivo para ser fiel a um bar feio.

FRANKFURT — "Mainkai-sieben-bitte" é das poucas coisas que sei falar em alemão e uma das primeiras que digo quando chego a Frankfurt, pedindo ao taxista que me leve ao número sete da avenida que margeia o rio Meno. Die Rote Bar (O Bar Vermelho) fica num prédio de fachada insuspeita.

Não há placa luminosa, música ou barulho de conversa. Toca-se o interfone e logo um bartender de gravata-borboleta abre a porta. Pergunta quantos somos e, depois de um breve confere, com sorte nos deixa entrar.

O bar funciona num pequeno apartamento residencial reformado para finalidades alcoólicas. A iluminação é baixa, as paredes de veludo são escuras e o destaque do ambiente está nas garrafas por trás do balcão. A música soa igualmente discreta, sempre alguma *chanson française* ou *swing jazz* dos anos 1930. Estamos entre agentes da KGB, conspiradores do teatro e dançarinas de cabaré.

Um copo de água com rodelas de pepino finamente cortadas é servido antes de partirmos para a coqueteleria clássica, com preços menores ou iguais aos bares da moda das capitais brasileiras — e qualidade superior. Os amantes de angostura podem mergulhar em combinações psicodélicas de drinques como Seelbach ou Sazerac servidos por bartenders que parecem deslizar sobre rodas. Se você gosta de fumar dentro de um bar, todos os anos, no domingo depois do aniversário da morte de Serge Gainsbourg, o dono abre uma exceção.

Nos próximos volumes, esta enciclopédia contemplará outros bares secretos (ou quase) como o que há (havia) no caminho para o banheiro de um kebab ordinário na Rosenthaler Platz, em Berlim. E o privado Bar Mastroianni, que hoje funciona no apartamento de um célebre e estelar jovem poeta na rua Bela Cintra, em São Paulo.

KOTTI

(Berlim / Março, 2011)

NÃO IMPORTA ONDE ME HOSPEDE NA capital da Alemanha, para mim o centro de Berlim sempre será o bairro de Kreuzberg. Ou, mais especificamente, o trapézio geométrico formado entre quatro bares próximos ao entroncamento de carros, vagões e pedestres do formigueiro aberto de Kottbusser Tor.

São eles: o Rote Rose, o Roses, o Würgeengel e o Möbel Olfe, não distantes mais do que alguns passos um do outro. Mais do que gostaria ou possa controlar, costumo terminar minhas noites aqui. Ou começá-las. O ponto médio entre esses quatro endereços deve ser algo parecido com a minha casa na cidade.

O Rote Rose (Adalbertstraße, 90) é o único que fica aberto 24 horas. A freguesia é composta por mendigos (acompanhados por seus cachorros que ganham mesada do governo), motoristas de táxi, traficantes, punks e malucos em geral.

Há um jukebox e uma daquelas maquininhas que cospem moedas com um sujeito na frente, não importa a hora. A cerveja é baratíssima e o Rote Rose é sempre diferente, sempre absurdo, sempre desproposital como o seu altar suspenso com uma Branca de Neve e anões cobertos de poeira. O teto é um tabuleiro de xadrez — e você deveria tomar cuidado com a sua carteira.

É complicado descrever o que é e o que se passa dentro do Roses (Oranienstraße, 187). As suas paredes de pelúcia rosa levam alguns a dizer que o bar lembra o interior de um útero gay — caso gays tivessem úteros, é claro. O décor *queer* é completado por bonecas, globos espelhados, pôsteres e uns 100 mil objetos aleatórios de decoração.

Apesar da temática, o público anda misturado (muitos turistas a depender da noite e está na moda falar mal do Roses), mas a garantia é sempre de calor, música dos anos 1990 e lotação máxima. Um dos lugares mais interativos de Berlim, para o bem e para o mal. Faça amigos ou a guerra. E seja sempre muito gentil com a senhora por trás do balcão — você não vai querer arrumar confusão com ela.

O Würgeengel (Dresdenerstraße, 122) tem esse nome em homenagem ao filme do Buñuel (*O anjo exterminador*, 1962). Se no salão aristocrático da história os convidados se veem impedidos de sair, aqui é o contrário: anda cada vez mais difícil entrar no bar depois das nove da noite, já que ele vive lotado.

As paredes de veludo vermelho e os lustres dourados art déco seriam o destaque não fossem os coquetéis e o serviço impecáveis dos barmen. Dizem que a comida é ruim, mas quem vai num lugar desses para comer? Beba o Moscow Mule e o Mai Thai para começar.

O Möbel Olfe (Reichenbergerstraße, 177) fica nas galerias do NKZ (Neues Kreuzberger Zentrum), o conjunto habitacional lindamente horroroso que domina a paisagem do Kotti. Esse complexo de apartamentos populares construído nos anos 1970 ainda é habitado majoritariamente por turcos ou descendentes

— um enclave de resistência contra o processo de gentrificação que há anos ameaça engolir o bairro transformando-o numa cópia desbotada de si mesmo.

    O bar emprestou o nome de uma velha loja de móveis que funcionava ali — e cujo resto de letreiro ainda pode se ver no topo do prédio. A maioria dos seus habitués beberá cerveja, mas você não deveria perder os shots de vodca polonesa ou russa. Recentemente botaram um grande cartaz na porta para avisar os turistas: "Homo bar". Bem, se você se incomoda com isso, não deveria estar em Berlim. Ou neste planeta.

O MENOR MELHOR CLUBE DE JAZZ
DO MUNDO

(Nova York / Novembro, 2014)

O MELHOR CLUBE DE JAZZ DO mundo faz jus ao nome. O Smalls é um pequeno e escuro porão no Greenwich Village, em Nova York, quase na esquina da 10th Street com a 7th Avenue, com capacidade para sessenta pessoas — o número é fornecido pela casa, ainda que seja difícil imaginar tanta gente lá dentro. Um pedestre distraído pode passar pela calçada sem notar a porta estreita que se abre para uma escadinha ao subsolo.

O clube foi aberto em 1993, mas parece bem mais antigo, com seu teto baixo, paredes com tijolos aparentes e fotografias penduradas, cortinas mofadas por trás do palco e tapetes esgarçados no chão. A acústica é aveludada e não existe ambiente que ofereça maior intimidade entre um músico e quem o assiste. Há um espelho por trás do piano e outro num dos cantos superiores do palco a refletir a caixa da bateria.

É uma casa de músicos de jazz. Depois de meia-noite, eles chegam de outros concertos carregando seus instrumentos e assistem ao show ou sobem ao palco. Não pagam ingresso. Em algumas noites, a impressão é a de que há mais instrumentistas que simples melômanos no lugar. Para muitos, o Smalls já é a meca de duas gerações de jazzistas da cidade.

Aqui há algo de juvenil, elétrico, *beatnik* e excessivamente masculino. A conversa nos intervalos é sobre a música que acabou ou a que vamos ouvir, e, apesar da razoável carta de drinques, quase todo mundo bebe cerveja ou uísque, baratos para o padrão do bairro. O público de *jazzheads* é formado por estudantes de boina, executivos com a gravata afrouxada, senhores de colete, nerds de gola rulê ou turistas da Flórida. Há sempre mais contrabaixos encostados na parede do que donzelas na plateia.

A programação é eclética: pianistas, trios, quintetos, formações de metais, big bands e toda sorte de combinação inusitada, o que inclui a partir da alta madrugada *jams* de músicos, consagrados ou não, que se conhecem no palco em improvisos que fazem avançar a escola de Nova York do bebop e do hard bop.

Ao contrário das outras casas do Village que chutam os clientes depois de cada set, você paga vinte dólares no topo da escada ao dono do lugar, Mitch Borden, e fica até o fim de tudo — a depender da tarde/noite isso pode significar seis ou sete horas de jazz, com três diferentes formações e uma *jam session* no final. De madrugada, o preço cai, e muitas vezes entrei de graça para tomar a saideira no balcão de oito lugares do Smalls.

O jazz é um estilo musical dado a estados de êxtase meditativo. Mas no Smalls o momento de satori, termo budista para iluminação, pode vir no meio de um solo profundo e denso de um saxofone barítono ou em circunstâncias mais banais. Como no caminho para o banheiro. O longo corredor parece saído de um filme do David Lynch. Em noites de casa cheia, reúne a fauna curiosa numa fila. Na última vez em que lá estive, um senhor de sobretudo cutucou o meu ombro e disse:

— Você parece cansado. Infinitamente cansado.

— É verdade. Eu estou exausto.

— Mas o cansaço é bom. Viva o cansaço. Abrace o cansaço.

O Smalls tem uma gravadora própria e, no seu site, vende os discos e transmite ao vivo os shows: https://www.smallslive.com. Caso você tenha a sorte de estar em Nova York, vá hoje mesmo até a 183 West 10th Street.

CARTA DE LANTAU

(Hong Kong / Abril, 2012)

Caro Chico,

Confesso que adiei ao máximo o momento de te escrever. Há forças que nos fazem abrir a janela e outras que te impelem a dar três voltas no trinco da porta. Minha vida sempre foi uma gangorra entre esses dois momentos: a necessidade de buscar interlocução e a vontade de silêncio, sumiço. Entre sair e trancar. O problema, aliás, é justamente esse "entre" — é ele que faz o sujeito fissurado. Estar aqui sem estar, sentir que pode viver todas as vidas e, no momento seguinte, ver-se incapaz de viver a própria. Esse tipo de desejo de fuga não é daqueles que te levam a uma vida nova em Chicago. Bastante ao contrário: trata-se da fuga total, de ser expulso "da raiz de todo o passado e de todo o futuro". Tudo é potência. Nada é potência.

Não conseguir passar mais de dois meses ininterruptos na sua cidade não ajuda. Sentir-se em casa do outro lado do mundo, em lugar nenhum, quanto mais longe e só, não ajuda. Sentir sincera repugnância (um estágio bastante inferior ao desprezo, perceba) pela sua cidade, pelo estado de coisas da sua cidade, pelo que se escuta e se lê dos cidadãos da sua cidade histórica (me lembro do Fitzgerald: "cidadãos que, na distorção do seu novo status, tinham o valor humano de pequineses, moluscos, cretinos ou cabras"), definitivamente não ajuda.

    Veja que estou reclamando sem reclamar. É uma constatação: se a vida nos últimos anos me soa como um acúmulo de experiência, cinismo e certo desperdício, não tenho a quem culpar. O cara esquisito no metrô sou eu. Esse deslocamento me deu muitas coisas, especialmente um tipo de solidão que talvez, em alguns romances ou décadas, a justifique. Se não, imagino que tudo isso seja uma enorme extravagância e vou me arrepender de não ter prestado um concurso ou começado carreira num escritório refrigerado aos 20 e poucos anos de idade, como a maioria das bem adaptadas pessoas que conheço.

    Há duas semanas peguei o metrô no meio do paliteiro de Hong Kong e vim para a Ilha de Lantau. O céu de março aqui é branco como uma folha de papel e, quando o trem foi cuspido para fora de um túnel rumo a uma ponte sobre uma baía margeada por prédios de 80 andares e um porto, dizer que aquilo parecia um sonho não é exagero: o vagão deslizava entre as nuvens. Depois, o trem seguiu em paralelo a uma autoestrada antes que eu saltasse em Tung Chung e tomasse um ônibus que pegou uma serra cheia de árvores, belas praias no sopé das encostas e búfalos atravessando a pista até Ngong Ping. Não fossem os búfalos, o silêncio e a paz, eu poderia jurar que aquele verde e azul era do Brasil.

    Vim pelo monastério de Po Lin e seu famoso Tian Tan Buda, um dos maiores da China, uma construção com 35 metros e 250 toneladas de bronze no topo de um morro. O homem parece flutuar lá em cima.

    Você não vai acreditar, mas nos últimos tempos rezei não sei muito bem para quem ou o que na frente de incontáveis

Budas, Chico, e acho que depois de tentar catedrais, mesquitas, sinagogas e pirâmides ao redor do planeta, não há paz que se compare a que se instala imediatamente quando você entra num pagode budista em estilo chinês. Ouvi um monge recitar por horas num templo na Chinatown de Saigon e vi outro culto budista cantado por centenas ao redor de Wat Arun, em Bangkok, num pôr do sol em tons de violeta por trás da pirâmide de 70 metros de mosaicos em porcelana na beira do rio Chao Phraya. Na Chinatown de Bangkok, um adivinho leu minha mão, meu rosto, as cartas e meu futuro; em Angkor Wat um monge leu meu passado e me abençoou.

Minha única experiência cristã: ouvi a música sacra católica mais bonita na catedral neogótica de São José, em Hanói, onde até na praça e sobre as motos estacionadas, os fiéis cantavam a missa em vietnamita enquanto seguravam velas acesas. Mas, ainda assim, depois dessa estadia asiática, acredito que todas as igrejas me parecerão extravagantes e violentas. Nelas, há sempre um homem que sangra e diz, imodesto em sua dor infinita: "Sofri para purgar os seus pecados, e os seus pecados..." Bem, você conhece. Do outro lado do espectro e do mundo, há um Buda que sorri e apenas insinua: "Eu tenho um caminho." O Buda não te condena, culpa ou sequer tenta te convencer de nada. Apenas oferece um caminho, que não depende de nenhum deus nem dele mesmo — apenas de você. Da sua *ação*.

Quando cheguei ao monastério de Po Lin, os visitantes e turistas já iam embora, passava do horário do fechamento. Um monge se aproximou, interrompeu seu trabalho de varrer as cinzas dos gigantescos incensórios e perguntou essas perguntas que se fazem aos viajantes. Depois, ofereceu-me um chá. Tiramos os sapatos e entramos no refeitório, um pavilhão sóbrio em contraste com o templo central do monastério, suas estátuas douradas e teto vermelho. O inglês do monge era muito ruim e, depois desse curto introdutório, passamos quinze minutos em silêncio. Os pássaros começaram a cantar uma música grave, a luz caiu. O homem levantou-se, pediu que eu o seguisse e, no prédio anexo, me ofereceu uma chave na frente de um pequeno armário.

A dificuldade de te escrever essa carta surge também desse pequeno e representativo evento. No monastério não há luz. Muito menos computador — e você precisa experimentar um dia o que é passar duas semanas sem abrir o e-mail. Estou usando o aparelho e a internet da loja de lembranças do Tian Tan Buda, e a senhora me olha com ar de desagrado — não sei se pelo tempo ou pelo meu ar pesado. O ar pesado que eu ganho quando escrevo.

BOCA DE CAEIRA!

(Mossoró / Outubro, 2007)

Estou na garupa de um mototáxi sob um sol inclemente, a cerca de 3 mil quilômetros do dilúvio carioca. Os pneus da motinha desembestada rasgam o couro da terra seca, que gruda em generosas porções nos meus olhos, narinas e cabelos. Sobre nós, há um céu azulado, sem nuvem, sem variação de tonalidade: tinta fervendo sobre a cachola em blocos de ar pegajoso. A terra quente que respiro é a do semiárido, no interior do Rio Grande do Norte, na capital do oeste potiguar: Mossoró.

— O clima é essa Suíça, boca de caeira!

Em Mossoró a água da bica sai a 50ºC. No chuveiro, o aquecedor elétrico é uma inutilidade — deveriam inventar um esfriador elétrico de água. Quando chego ao hotel, abro a geladeira, deito no chão e enfio os pés refrigerador adentro.

Entre Natal, onde descobri que o mar de Ipanema é escuro, e Mossoró, onde descobri que nosso céu é opaco, a estrada vai da zona da mata, passa pelo agreste e atravessa o sertão. Estamos na estação da seca. Se o urso hiberna, a plantação veraneia — perde as folhas para não transpirar, transformando-se num espinheiro de galhos secos, entre cactos, carnaúbas peladas, arranjos extravagantes de pedra e cercas de pau.

Diz-se que o pico do Cabugi, vulcão desativado no meio do caminho entre as duas cidades, seria na verdade o tal de Monte Pascoal, visto por Pedro Álvares, o Cabral, quando da sua chegada em Touros-RN — e não em Porto Seguro.

Não é a única história que se ouve por aqui. Em meia hora, já sei de tudo sobre o "processo evolutivo das condições econômicas de Mossoró" e sobre sua mitologia histórica. Com apenas 230 mil habitantes, a cidade é a maior produtora de petróleo do país em terra, tem o terceiro jornal mais antigo do Brasil (*O Mossoroense*, de 1872) e o primeiro voto feminino da América Latina (1928). Libertou os escravos cinco anos antes da Lei Áurea e resistiu a uma invasão de Lampião, expulso em resistência organizada pelo prefeito Rodolfo Fernandes em 1927. O episódio, que envolveu todos os moradores da cidade, é lembrado por uma festa anual e pelas marcas de bala na igreja ao lado da prefeitura, lá até hoje, marcadas por círculos vermelhos.

Apeio da moto que, depois de muita zoeira no pé do ouvido, me deixa numa das centenas de praças da cidade, onde há uma biblioteca municipal. E conexão para internet sem fio, dentro e fora do prédio. É uma das inovações mossoroenses que ainda não chegaram ao resto do país. Outra é o chope-gol do Xerife's, bar que paga um chope gelado a cada gol do seu time durante um jogo — se você estiver usando a camisa, é claro.

*

Ouço que Mossoró é comandada pelo clã dos Rosado. Jerônimo Rosado, seu patriarca, destronou a oligarquia dos Fernandes e dos Mota, inaugurando a sua própria em 1908. Ele teve 21 filhos e deu a todos números como nome — aos homens, uma extravagância ainda maior: números em francês. Um de seus filhos célebres, também prefeito, foi Dix-huit Rosado, que dá nome a um nababesco teatro de oitocentos lugares. A 11ª filha, por exemplo, se chamou Onézima Rosado. O neto de Vingt-un Rosado, um vereador, é chamado nas ruas de Vantanzinho. E por aí vai. O poder local é comandado por eles, que se revezam. Num exemplo de neocoronelismo, a cidade se moderniza, mas a estrutura quase feudal segue a mesma.

Mas há uma peculiaridade: Mossoró e Natal são frequentemente governadas por mulheres, num matriarcado que faz os potiguares serem encarados como *manicacas*, manobrados por mulher. O poder do mulherio não é novidade: os homens de Mossoró foram dispensados de alistar-se na Guerra do Paraguai porque as damas da cidade subiram nas tamancas, em episódio chamado "Motim das Mulheres", em 1875. Pela cidade, que, aliás, possui uma Marcha Mundial das Mulheres, a única pichação vista nas paredes é "aborto legal, já!".

*

Trata-se de um povo bravo, cabreiro, apegado à terra. Diz-se que os índios potiguares (em tupi, "comedor de camarão") praticavam antropofagia ritual, chapados de jurema, comendo os cérebros dos inimigos mais valentes por acreditar que poderiam absorver sua força e coragem. Esses índios canibalizavam tranquilamente espanhóis e portugueses, mas jamais comiam os miolos dos franceses.

Porque dizem que os franceses choravam de joelhos, pedindo para não morrer.

A PITONISA CATALÃ

(Barcelona / Maio, 2008)

SOB O TOLDO VERMELHO E RASGADO, ao lado da porta de metal de um prédio sem número, há uma campainha silenciosa. O botão aciona uma lâmpada que pisca na parede do lado de dentro. Com sorte, em alguns minutos, alguém vê a luz e vem à porta. Depois de breve aprovação visual, sobe um pouco da cortina de metal com o indicador estendido sobre os lábios — no momento da entrada, todo silêncio é pouco —, e passamos pelo portal quase de joelhos. Por trás de nós, o sujeito confere se há mais alguém na rua escura e fecha a porta com cuidado.

O primeiro ambiente é uma discreta sala de estar, como se aquela fosse uma reunião de amigos na casa de alguém. Tudo está a meio-tom: as luzes, o som das vozes e as paredes sem cor. No fundo da sala, há um armário com duas portas espelhadas. Somos estranhamente conduzidos em direção ao móvel. Quando uma das portas é aberta, não vemos prateleiras, gavetas ou cabides, e sim um estreito corredor de concreto que leva a um cômodo posterior.

O que encontramos por trás da porta falsa do armário é um grande e barulhento salão. Está lotado de gente que se esparrama por sofás, poltronas e pelo piso. A mobília tem aspecto de sucata. Debruçado sobre uma mesa e comandado por uma dupla de ciganos, um grupo canta e bate palmas. Ao lado, um velho improvisa um *cajón* numa mesa de cabeceira. Além da música, há algumas brigas, logo apartadas, e pelos cantos casais amassando-se, nunca apartados. No meio de tudo, por trás de uma nuvem de maresia, há uma cozinha suja onde se pode comprar bebida — o motivo principal de estarmos nesse muquifo.

Depois das três da manhã, é praticamente impossível encontrar um bar aberto em Barcelona. Como a prefeitura endureceu a fiscalização, cassou licenças e limitou os horários de centenas de casas noturnas nos últimos anos, a opção para continuar a noite costuma ser entrar numa discoteca ou apelar para um bar clandestino, fora da lei, como esse no bairro do Raval, sem placa na fachada ou qualquer indicação que possa dar alguma pista a um pedestre distraído — ou à polícia.

A madrugada de Barcelona nos anos 2000 tem algo de Chicago nos anos 1930.

No caminho entre a cozinha e o sofá, enquanto equilibro quatro garrafas sobre o colo, uma mulher ruiva me intercepta. Ela me pede a mão. Sem questionar, pouso as garrafas na mesa e ofereço-lhe a palma estendida. Ela diz que é a errada: "Quero a esquerda", ordena. Obedeço como um cachorro. As técnicas quiroscópicas dessa mulher são estranhas: ela aperta fundo com os dedos a minha mão, fecha os olhos e levanta o pescoço grosso. Depois que minhas quatro garrafas desaparecem da mesa, a catalã aproxima seus lábios de minha orelha e diz, como quem confessa um crime: "Você não possui mais nada neste mundo, meu querido. Já não existirá outro dia…"

E me dá um beijo de criança. Numa meia-volta, arremessa seus cabelos num voo curto sobre meu rosto e desaparece dentro de uma nuvem de fumaça, galopando sobre saltos de madeira.

Apesar da minha pitonisa catalã, o amanhã, até ontem, veio.

TURNÊ MUNDIAL DE KARAOKÊ

(Paris, Berlim, Bangkok, Rio / 2006-2019)

O KARAOKÊ É UM ESPORTE NOTURNO que costuma (des)equilibrar-se na fronteira do insuportável com o sublime, a depender do seu estado etílico, generosidade com estranhos e sensibilidade auditiva. De acordo com a tradição asiática, é o primeiro encontro perfeito, no qual se pode julgar gosto musical, desenvoltura ao microfone e indicativos mais sutis de harmonia entre o futuro casal. Como adepto das modalidades mais radicais de playback, listo aqui algumas das casas de destaque pelo mundo, na esperança de que você me acompanhe numa delas ou, caso eu tenha sorte, em todas na nossa primeira turnê mundial.

PARIS — No porão oculto de um bar inexpressivo do Marais, depois de uma escada estreita, está o palco do L'Enchanteur (15, Rue Michel le Comte). Ao contrário do que seu nome indica, trata-se de um dos karaokês mais hostis do mundo. Ainda assim, sempre volto, com o coração acelerado dos apaixonados à espera na porta do secundário. O público LGBTQ+ dedica-se à *chanson française* farofa dos anos 1980, hinos por nós desconhecidos e que serão cantados em uníssono. O clima é de festa entre amigos — o problema aqui é fazê-los. Após longa espera, nossas performances serão olimpicamente ignoradas pelos locais. O silêncio sepulcral após a última nota, a bebida cara e vagabunda, os esgares de desprezo: nada nos fará desistir. Paris é sobre território e conquista.

BERLIM — O turista e seus guias falarão do já tradicional karaokê a céu aberto no Mauerpark, organizado pelo irlandês Joe Hatchiban aos domingos, com o usual desfile de bizarrices, britânicos bêbados e público de 3 mil pessoas ao redor da bicicleta com caixas de som. O meu palco de cantoria em Berlim é mais discreto, mas não menos espetacular. Trata-se do Monster Ronson's Ichiban Karaoke (Warschauer Strasse, 34) em Friedrichshain, atravessando a rua na saída do metrô. Cavernoso, com oito cabines homenageando estrelas mortas do rock, um palco principal com um metro de altura e uma pista de dança, a casa de Ron Rineck é imprevisível. Já participei de batalhas temáticas sobre David Bowie com desconhecidos e me internei com amigos num cubículo até sete da manhã. O anexo azulejado pode ser um banheirão obscuro ou uma boate selvagem, dependendo da sua sorte e do dia da semana.

BANGKOK — Não lembro o endereço. Teremos que procurar por uma travessa da Silom Road numa das extremidades de Patpong, um dos centros de comércio sexual da capital tailandesa, onde camelôs vendem vibradores ao lado de suvenires e há o desfile usual de moças em oferta. Depois de comer um *pad thai* na calçada, ao lado de um grupo de *ladyboys* que comprava pássaros engaiolados de um vendedor de rua apenas para soltá-los (dá sorte), segui o som de uma cantoria até virar a esquina por trás de um pequeno templo hindu. Mesas de plástico, isopores com cerveja gelada e uma mestre de cerimônias trans de terceira idade. Cantei uma do Elton John e a senhora aterrissou no meu colo em exótica coreografia. Saímos ovacionados.

RIO DE JANEIRO — A feira de São Cristóvão incluiu no seu rol de tradições nordestinas a arte da cantoria eletrônica, e o número de microfones só aumenta. Hoje há pelo menos três dúzias de pequenos bares com máquinas de karaokê. A oferta de cacofonia entre os corredores faz com que seja comum um grupo de amigos sequestrar um estabelecimento e impor um regime de pagode noventista por horas. Fuja. E, após a entrada principal, pegue a primeira rua curva à esquerda. Procure a barraca Já Disse (rua Ceará, D10), cuja fila e atendimento são organizados com diligência pela dona Vila, líder suprema e chefe de Estado do estabelecimento — e cantora, também. Adianto que não pode beijar na boca ou sentar no colo. Para modalidades mais selvagens, vá à Lapa, recue alguns anos no tempo, e procure dois clássicos da madrugada: Sal & Pimenta (avenida Mem de Sá, 120) e Buraco da Lacraia (rua André Cavalcanti, 58).

FANTASMAS EM ÓBIDOS

(Óbidos / Setembro, 2015)

Estou em Óbidos. A linda cidade portuguesa me ofereceu uma dessas bolsas de residência artística que surgem na vida de escritores, músicos e artistas visuais como contraponto à fome, ao desespero, ao instinto de parar. Poderia aqui escrever também sobre o trabalho temporário e mal remunerado que viola a alma, exige prazo e não tem data de pagamento. Sobre salões abarrotados de mediocridade, onde todos estão à venda e o preço é baixo. Ou, ainda, sobre o eventual *mogul* do mercado editorial que nos cruza o caminho com o arrojo estético e senso histórico de uma cadeira de balanço.

Enquanto tudo isso nos azeda o timo, em alguns casos com efeitos irreversíveis, a residência artística é uma pausa na nossa promiscuidade física e mental. São as férias do rame-rame doméstico do artista sem herança empenhado em testar a subsistência fora de horários de escritório.

Esta deve ser a terceira ou quarta que me tira do buraco — a primeira residência foi justamente antes da primeira Flip (Festa Literária Internacional de Paraty) e ligada ao festival. Desta vez, espero também dar sorte para a inauguração de outro festival literário, o Folio (Festa Literária Internacional de Óbidos), que acontece nesta vila medieval entre os dias 15 e 25 de outubro.

Óbidos tem cerca de 2 mil habitantes. Diz-se que dentro dos seus muros dormem apenas oitenta pessoas. No entanto, aqui temos sete livrarias. A mais impressionante ocupa a nave central da Igreja de Santiago, um templo ao pé do castelo que remonta ao século XII, hoje tomado por livros. (E o que são casas de livro hoje em dia além de lugares de fé?) Outras livrarias funcionam dentro de um mercado biológico, de um museu, de uma adega etc. Elas fazem parte de uma iniciativa chamada Vila Literária de Óbidos e o plano é chegar ao número de onze. Imagino que, mesmo antes disso, a vila murada já deva ter a maior proporção livraria/habitante do mundo.

O idealizador dessas maravilhas, e que aqui tem o apoio da Câmara Municipal, é o mesmo da Ler Devagar, na LX Factory em Alcântara, Lisboa. Trata-se de um colosso instalado no galpão de uma antiga gráfica industrial com um pé-direito gigantesco e toda a maquinaria de impressão à mostra. Vemos os livros vivos e as prensas mortas ao lado — e ainda há comidas e um bar. Não sei se José Pinho e seus sócios ganham dinheiro com tudo isso, mas certamente fazem do mundo um lugar melhor.

Por volta destas livrarias estou e estarei, entre algumas idas e voltas, até o fim do ano. A única coisa que preciso fazer aqui é escrever. Protegido entre os muros como uma rainha moura. Ou, melhor, como um penitente num claustro. Nas pausas, à ginjinha nas caves dos bares.

Caminhar de madrugada por estas silenciosas ruelas de pedra é retroceder séculos. A cidade cristalizou-se como vila medieval na arquitetura e no imaginário, mas sua ocupação por seres humanos remonta a séculos antes de Cristo. E por aqui passaram romanos, visigodos e mouros antes da conquista cristã.

A casa onde estou era de um sapateiro, mas sabe-se lá quem foram os locatários do imóvel nos últimos séculos. Levanto a questão pois todas as noites, antes de dormir, começam a ranger as madeiras do telhado e por vezes se repete uma batida grave que ecoa pelas paredes e pelo piso. Não temos sótão, muito menos vizinhos de porta, acima ou abaixo.

Na primeira noite, eu e a francesa fomos acordados por esses barulhos e tivemos que sair. Depois da ronda pelos bares, voltamos e os encontramos ainda retumbantes. Não houve prece ou obscenidade que os fizesse parar. Como a convivência com fantasmas em Óbidos me parece pormenor curioso, além de infinitamente mais agradável que a intempérie que me aguarda no Brasil, ofereci a eles uma taça de vinho — e comecei a negociar minha permanência.

DUAS SALAS DE MUSEU

(Munique, Nova York / 2014)

UMA PESSOA É TAMBÉM UMA SALA em que se entra — às vezes com a esperança de um dia encontrar a porta aberta para sair. A metáfora é ruim, mas não por acaso divórcios acabam em mudança. Aqui, duas salas de museu que sempre vão me fazer lembrar de você:

CY TWOMBLY, EM MUNIQUE — O Museu Brandhorst abriga a maior coleção do artista norte-americano fora dos Estados Unidos: são mais de 170 obras. No térreo há trabalhos de Andy Warhol, Gerhard Richter, Bruce Nauman e Damien Hirst, mas são as monumentais galerias dedicadas a Twombly no segundo andar as que valem o passeio.

Depois de um salão com as louconas e grandiosas flores de Twombly, há um octógono irregular criado especialmente para abrigar a série que pintou para a Bienal de Veneza de 2001: *Lepanto*. São doze pinturas narrando a batalha ocorrida no golfo de mesmo nome no dia 7 de outubro de 1571, entre o Império Otomano e a Liga Santa — coalizão cristã formada por Espanha, Veneza e Estados Pontifícios.

Lepanto marcou o fim da expansão islâmica no Mediterrâneo e seus vencedores contaram a história por meio de pinturas figurativas (Tintoretto, Veronese, Cambiaso) com as quais a obra de Twombly dialoga. Se a história da humanidade é decidida em dias como esse, tudo na construção pictórica de Twombly parece igualmente decisivo. Ao parar no meio da catedral branca sugerida pela sala, a impressão é a de que ouvimos os gritos, o som dos naufrágios e da madeira destruída pelo fogo. O pintor americano consegue representar o reflexo das chamas na água e seu movimento com uma pintura que alguns chamam de precária e até rupestre.

Moderno e ancestral ao mesmo tempo, Twombly une vazios e elipses na tela com um temperamento mercurial nos traços. E aqui há o vermelho, amarelo, azul, turquesa.

JAMES TURRELL NO MoMA PS1 — Num dos corredores do prédio, no Queens, há uma porta que costuma passar desapercebida para a maioria dos visitantes. Quando a abrimos, encontramos um cômodo quadrado e vazio com um corte quadrangular no teto e um banco de madeira que cobre parte das paredes.

Há muita gente que entra e sai da sala imediatamente, pensando encontrar uma área de serviço ou um fumódromo. Trata-se de *Meeting*, um dos *skyspaces* do artista, no museu desde 1986. Não tem topo de morro, teleférico ou mirante que se compare: aquele é o meu lugar preferido de observação do céu no mundo.

A mistura do azul natural com as sutis luzes artificiais de Turrell e o recorte geométrico do teto criam um jogo de percepção de luz e espaço que, somado ao movimento das nuvens, desloca o lugar. O quarto se desprende do prédio, e nós com ele. O efeito é diferente da última mostra individual do artista americano no Guggenheim, quando ele fechou a rotunda do museu com uma série iluminada de elipses circuncêntricas. O ambiente controlado do museu desaparece diante da abertura imprevisível ao céu — a cada dia, *Meeting* é uma obra diferente.

O quarto de Turrell no Queens recorda certas culturas que, por razões de higiene ou religião, botam abaixo o teto do quarto do morto antes do velório ser feito ali mesmo. Aqui há também algo de casa demolida, com a passagem do tempo marcada pela silhueta da sombra na parede, alterando a proporção e a geometria do lugar a depender da hora.

Mas nada disso será fúnebre enquanto o cubo de cinco paredes apontar para cima.

O FLÂNEUR PAULISTANO

(São Paulo / Agosto, 2015)

WALTER BENJAMIN ESCREVEU QUE TODAS AS ruas são íngremes para o flâneur. Em Paris, terra prometida e inventora do tipo vagabundo que perambula sem compromisso, a imagem é uma metáfora. Não em São Paulo. O flâneur paulistano é, antes de tudo, um forte. Enquanto as avenidas abertas nos dois lados do rio Sena pelo barão Haussmann têm calçadas amplas e planas, perambular por aqui exige mais que os olhos atentos de um Baudelaire. Ao contrário de Paris, é fácil demais perder-se em São Paulo. A cidade não precisa de poesia para transformar-se no antigo sonho humano do labirinto. Ela já é um.

Começamos na Sé e descemos pela rua Tabatinguera. A Baixada do Glicério é um amontoado de cortiços, galpões, igrejas, botecos, oficinas e prédios sem fachada sob as artérias suspensas de concreto da Radial Leste, do viaduto do Glicério e do viaduto 31 de Março. Em galerias comerciais que se misturam com garagens, cibercafés e barbeiros, há uma maioria de haitianos recém-chegados vestindo camisetas coloridas e conversando em crioulo. Muitos se concentram no pátio da paróquia Nossa Senhora da Paz, esperando por algo além da promessa de vida melhor.

Ao subir a rua Glicério, pouco depois do terreno baldio com um desmonte de carros, descobrimos a panificadora da família Fanciulli, que produz pão artesanal na região desde 1890. Entre salames e queijos, trata-se de um pequeno enclave de Salerno, Itália, no meio da nova baixa haitiana de São Paulo. Onde não apenas se fala crioulo, mas se reza em francês: a uma quadra, na direção da Liberdade, vemos um cartaz pintado à mão sobre um portão de garagem anunciar a Assemblée de Dieu des Haitiens.

O Glicério vira Liberdade pouco depois dali e resolvemos almoçar curry com lombo de porco à milanesa no Kidoairaku, casa japonesa especializada em *teishoku* na esquina da Galvão Bueno com São Joaquim. Somos recebidos pela mãe do chef, que vê televisão e parece jogar conversa fora com os netos ou sobrinhos numa sala de estar. O lugar é familiar e nós também — mas nem tanto, já começamos a beber e é hora do almoço num dia útil.

Estou acompanhado pelo Fabrício Corsaletti, estupendo poeta de fala e caminhar veloz. Meu companheiro ilustre de ridículo — o que somos nós, nessa cidade hora dessas? — vai ficando mercurial ao longo da caminhada pela tarde de luz amarela e ar auspicioso. Patinamos no registro da euforia, apesar dos obstáculos, ladeiras e viadutos que o alcantilado e inumano traçado da cidade nos oferece. Durante esse trajeto, e não apenas, trocaremos observações a mil por hora sobre arquitetura, escritores e, principalmente, sobre banalidades impublicáveis.

Subimos a São Joaquim ultrapassando sua tétrica loja maçônica até a avenida da Liberdade e, algumas quadras adiante, flutuamos sobre o movimento de automóveis da 23 pela Condessa de São Joaquim e chegamos à mansão mal-assombrada da Brigadeiro, onde viramos à direita e encontramos a inóspita praça Pérola Byington. Dali, pela feiosa rua Jaceguaí, buscaremos abrigo do sol sob a ponte diante do Teatro Oficina, onde fica um mercado.

Alguns tons acima do realismo, aterrissamos no Box 62, um restaurante no sacolão do viaduto Júlio de Mesquita Filho. Trata-se de um oásis de cerveja gelada e comida espetacular sob a Radial Leste tocado pela Mara Rasmussen, uma professora de Letras que decidiu alegrar seus comensais. É também dela o histórico e precursor bar da Vila Madalena, o Bar da Terra, de 1979. Os vizinhos de Mara esperam que ela tenha feito moda apenas por lá, para o bem do Bixiga.

Entre essas cervejas e outras, ainda atravessaremos o Bixiga inteiro até a avenida Paulista pela rua Rocha, Dr. Seng e alameda Campinas para uma derradeira no Puppy, antes de voltar a pé ao nosso ponto de partida no Copan, uns oito ou nove quilômetros de ruas depois. Foram horas, mas foram dias. Estamos obliterados e nos despedimos quase em silêncio, correndo para nos trancar em casa. A grande boca de mil dentes sempre ganha — é ela que olha você e não o contrário.

O ROBALO DOS CAMPEÕES EM LIMA

(Lima / Setembro, 2013)

Na quadra 8 da avenida Angamos, no popular distrito limenho de Surquillo, uma porta dupla dá espaço a um balcão com seis lugares. Por trás dele, a cozinha aberta de Tomás Matsufuji ocupa a maior parte do Al Toke Pez. Na contramão das casas comandadas por chefs-celebridade do centro gastronômico mais ascendente do planeta, o simplório restaurante não parece muito preocupado com sua imagem.

Ninguém virá aqui pelo décor, tatuagens do cozinheiro, charme dos convivas e descarga de adrenalina em conseguir uma reserva — ou na hora de pagar a conta. O Al Toke Pez é sua comida, que comemos com talheres de plástico e em pratos de isopor. Na hora do almoço em fins de semana, uma grande fila ocupa a calçada. Se você acorda de ressaca e almoça tarde como eu, a coisa fica menos complicada a partir das 14h30 — só não chegue muito mais tarde que isso, o peixe acaba.

Há gente de todo tipo: empregados do comércio local que chegam com Tupperwares vazias, senhoras do bairro e turistas bem-informados.

Todos comemos em silêncio, apenas interrompido para falar da própria comida. Se em outros restaurantes os comensais peruanos parecem sofrer de uma espécie de déficit de atenção do paladar — é comum começar a discutir outros pratos enquanto come-se o que está à frente, num desfile de experiências sobre as aparentemente infinitas variações da culinária peruana —, aqui só temos atenção para o agora.

O ápice da minha última excursão peruana foi esse cachete de pescado frito, um robalo empanado flutuando num molho que equilibra tempero picante e acidez com delicadeza entre pimentões, tomates e brócolis. Parece simples, é simples e ao mesmo tempo não é: é sublime.

Minutos antes, vimos Matsufuji refogá-lo no fogão com gestos de um mestre que parece praticar um tipo raro de tai chi chuan na sua pequena cozinha. Tudo é fresco, feito na hora e sai das suas mãos: ceviches, arrozes, saltados, *chicharrones*, mariscos, *leche de tigre*. Isso aqui é o céu, e o céu nunca foi tão barato. Os pratos custam entre dez e vinte soles novos (de sete a catorze reais). Tomás Matsufuji tem pouco mais de 30 anos, é filho de japoneses e tem doutorado em química supramolecular em Surrey, na Inglaterra. Aprendeu a cortar e cozinhar peixes com o pai, Dario Matsufuji, figura lendária da cozinha peruana-japonesa.

Desde 2011, o Al Toke Pez é um sucesso algo maior que seus seis lugares, mas nada disso até agora fez o chef pensar em ampliar o negócio, virar uma estrela midiática, abrir franquias ou aceitar a ajuda de um investidor, caminho natural para as estrelas da sua geração. O motivo é simples. O samurai de Surquillo não tem tempo: "Todos os dias, acordo de madrugada pensando no peixe que vou comprar no mercado."

Talvez seja o contato direto de um chef com a própria comida o que faça seu peixe superior aos que provei em restaurantes do Gastón Acurio, hoje o homem mais influente do país, ou mesmo no badalado La Picantería, o paraíso de comida *norteña* da costa do Peru que tem a melhor causa de sardinhas que já comi na vida. Superior, claro, no sentido de comparar divino com excelente.

O Al Toke Pez abre de segunda a sábado, das 11h30 às 16h. Av. Angamos Este, 886, Surquillo. Voltar ao Brasil depois de alguns dias em Lima é sentir que está perdendo uma importante dimensão da experiência humana. No Peru, se come. Aqui, nós tentamos.

O ESPECTRO DO MURO

(Berlim / Novembro, 2019)

PARA OS ALEMÃES, O DIA 9 de novembro é chamado de Schicksalstag, dia do destino. Entre outros eventos históricos, é a data de fundação da República de Weimar (1918), da Kristallnacht (1938), pogrom que muitos consideram o início ao Holocausto, e da queda do muro de Berlim (1989).

No último sábado, exatos trinta anos depois da noite em que o muro começou a ser derrubado, milhares de berlinenses e turistas rumaram ao portão de Brandemburgo, palco de celebrações em três palcos anunciadas com fanfarra. Logo ao saltar da estação de metrô ao lado do portão, percebemos que não seria fácil chegar até lá. Entre nós e a festa havia uma sucessão de bloqueios — e muros.

Um esquema de segurança pesado, com caminhões de polícia anunciando desvios em alto-falantes num tom monocórdio, nos levou por um quilômetro de grades até Potsdamer Platz, e dali até o meio do Tiergarten — agora em caminhos escuros no meio do parque enlameado e sitiado, iluminado pelas lanternas dos telefones. Enquanto muitos escorregavam na lama, outros tentavam correr, sem sucesso.

Quando foi possível acessar a via principal, já no meio do caminho para a estátua dourada do Siegessäule, e começar finalmente a voltar para os agora mui distantes palcos, a multidão se deparou com uma mureta de cerca de um metro, que separava o parque da avenida. A maioria decidiu pular.

Uma mistura de vertigem com falta de elasticidade fez com que eu precisasse de ajuda para desastradamente ultrapassar a barreira. Uma senhora francesa riu e me disse:

— Imagina na época, com soldados soviéticos apontando metralhadoras pra você?

E talvez a proposta da organização fosse justamente essa, a de transformar a celebração da queda do muro numa experiência interativa para o seu público, uma vez que logo encontramos um checkpoint que afunilou milhares de pessoas num denso empurra-empurra por cerca de quarenta minutos.

Se a ideia era revistar cada indivíduo e vasculhar mochilas para prever atos terroristas — o país está sob alerta permanente —, o esquema provocou uma perigosa concentração de pessoas e falhou nas revistas. Os alemães aguentaram estoicamente, os turistas chiaram baixinho, uma italiana atrás de mim chorou e alguém gritou, como Reagan num discurso aqui em 1987: "Tear down this wall!" Ninguém riu.

Depois de uma hora e vinte minutos, finalmente consegui entrar na área da festa a tempo de ver a Quinta de Beethoven regida por Daniel Barenboim — num telão, com som baixo, apoiado no balcão de um trailer e por trás da fumaça de um grill de linguiças.

Erguido em agosto de 1961, o muro de Berlim não subiu apenas por aqui. Poucos meses depois de sua construção, foi fundado no Brasil o Instituto de Pesquisas e Estudos Sociais (Ipes), um *think tank* de propaganda anticomunista, financiado com dinheiro norte-americano.

Um dos filmes do Ipes da época, exibido em cinemas, clubes e fábricas de todo o país, mostrava imagens do muro sob uma locução em tom grave: "Hoje, a democracia sofre uma nova ameaça: o comunismo. Os habitantes de Berlim Oriental buscam a liberdade, procuram fugir de um regime totalitário."

Em setembro de 1961, entre a edificação do muro e a criação do Ipes, João Goulart, um moderado reformista de esquerda, assumiu a Presidência do Brasil. Menos de três anos depois, seria derrubado por um golpe militar arquitetado pelas Forças Armadas, empresários e, claro, membros do Ipes, protagonistas do novo regime.

Lembro do instituto porque um de seus membros mais célebres estava em Berlim em novembro de 1989. No meio da confusão, um repórter de TV brasileiro aproximou-se dele e, ao ver que falava português, pediu uma declaração.

Rubem Fonseca, conhecido por não dar entrevistas a ninguém, deu sua única declaração para a TV brasileira até então, comemorando a queda do muro. O repórter não percebeu que falava com o escritor brasileiro mais famoso — e avesso à imprensa — da época. Fonseca foi creditado como um transeunte comum.

No Brasil, a ditadura já havia encerrado seu ciclo formal de 21 anos — com o passar do tempo, o autor minimizou suas atividades no Ipes e na implementação de uma ditadura militar, ao que a censura do regime a um de seus mais bem-sucedidos livros, *Feliz ano novo*, contribuiu bastante. Ainda assim, a escala da sua contribuição ao instituto segue despertando discussões acaloradas no meio literário brasileiro.

Em 1989, Fonseca declarou diante do muro semidemolido: "Hoje não temos ideia de como vai mudar o mundo, mas será uma mudança severa." E realmente foi.

No entanto, quando apologistas da ditadura militar loteiam Brasília e o discurso antieuropeu e nacionalista é cada vez mais naturalizado por aqui, com a própria Alemanha ainda curando as chagas da sua Reunificação e tendo que lidar com um crescente discurso anti-imigração, penso que a mudança talvez não tenha sido severa o suficiente. O espectro do muro e da divisão persiste — em cores muito mais complexas do que em tempos de Guerra Fria.

UM TREM NOTURNO

(Paris-Milão / Maio, 2008)

Um trem noturno é uma máquina de abandono. Pelas janelas, as paisagens transformam-se em alta velocidade: montanhas e pequenas cidades ficam para trás como peças de roupa jogadas no chão. A cada zunir de postes, a cada dormente dos trilhos, o passado dos viajantes se desprende um pouco mais dos seus corpos — como casca de ferida.

"Ficar sozinha com ele num quarto já me parece algo errado", é o que pensa a mulher de meia-idade que viaja à minha frente. Vinda de uma cidade onde as moças jamais mostram os joelhos (a única nudez que se vê nas ruas é a da copa das árvores), ela ganha uma reprimenda silenciosa do senhor de terno e abotoaduras por estar usando uma saia mais curta do que deveria. O homem estica o pano sobre a perna da mulher com a mão esquerda. Enquanto me olha de esguelha, finca o cotovelo no apoio de braço, tenta demarcar espaço.

Sobre as coxas da mulher de meia-idade, agora cobertas, um menino descansa a cabeça. Ao contrário de nós, ele tem pouco a deixar para trás. E dorme e sonha como tal.

No trem noturno, tudo me parece um presságio: as abotoaduras, o homem, o filho, a saia da mulher. Saio da cabine para pegar ar, o que é uma figura de linguagem, já que não se pode abrir as janelas. Equilibro-me pelos corredores da composição e avanço em passos sinuosos até o vagão-restaurante. Cada pequena porta entreaberta lembra a entrada de um cinema. Há inclusive um bilheteiro fura-tíquetes, que aqui é fiscal do trem.

Começa a relampejar. Pelas janelas, a noite é escura e esconde a chuva. A luz dos relâmpagos congela por um instante a paisagem e depois devolve escuridão às planícies. Os raios vêm em ondas, surgem juntos para depois se esparramarem no céu como artérias, alvéolos ou, ainda, como as copas das árvores nuas de Lisboa, onde as mulheres jamais mostram os joelhos.

A porta que conecta os vagões, no fim do corredor, é subitamente aberta por uma jovem com jeito de aeromoça austríaca, com os cabelos e olhos muito claros. Esconde o corpo esquálido sob um sobretudo de veludo vermelho e leva à boca um cigarro fino com ares de quem se esconde. As unhas estão roídas e descascadas, o rosto é borrado de maquiagem. Ela para ao meu lado e olha a janela, encara as fronteiras que ficam por trás do escuro. E me pergunta em inglês, como se despertasse de um sonho:

— Não é estranho?

— O quê? — devolvo sua pergunta com outra. Ela demora a responder:

— Os relâmpagos. Não fazem som. Você percebe? Não se escutam os trovões. Não é certo isso, relâmpagos sem trovões.

Olhamos em silêncio pela janela. Sobre o teto metálico do trem em alta velocidade, os relâmpagos se juntam num único feixe e formam um tornado elétrico no céu. A radiação então pinta nossos rostos de prata, e o corredor e as portas fechadas atrás de nós se iluminam por uma luz de refletor. O tempo entre nós se dilata e o vagão deixa de chacoalhar, como se houvesse abandonado a Terra. É quando percebemos que as estrelas ao longe já começaram a cair, inaugurando o dia dentro da noite.

E assim será até que o menino na *minha* cabine, o menino que dorme sobre as coxas da mulher de meia-idade, agora cobertas pelo senhor de terno e abotoaduras, acorde desse sonho e eu volte ao meu lugar no trem noturno.

BANHEIRO, FREUD E SPA EM VIENA

(Viena / Dezembro, 2014)

O Kaffee Alt Wien (Bäckerstrasse 9, Viena) é um daqueles bares esfumaçados onde jovens com pretensões artísticas entopem o ventre de cerveja até que se sintam suficientemente originais entre paredes tomadas por pôsteres de teatro. Você já viu a cena.

O que chama mais a atenção nesse clássico vienense, sujo e escuro até de dia, não é o excelente *goulash* ou o chope gelado para padrões austríacos. O destaque do Alt Wien está nos fundos: seus banheiros. Por trás de portas velhas e carcomidas, os lavatórios são impecavelmente limpos, modernos, emulando um Philippe Starck genérico. É como entrar noutra dimensão ou viajar no tempo.

O W.C. tem portas de vidro transparente que ficam opacas quando fechadas, um sofá de couro preto, revestimentos de mármore, iluminação indireta, sensores de presença, máquinas de secar a mão, descargas e odorizadores automáticos.

Um requinte ridículo e absolutamente incompatível com o resto do bar. Aqueles banheiros transformam o estabelecimento numa espécie de besta mitológica desajeitada, como um elefante com patas de girafa.

Soltei minha bexiga em desenhos espirais na água do vaso pensando em Freud. A teoria psicanalítica que ele desenvolveu a algumas quadras daqui introduziu o conceito de subconsciente, parte oculta e submersa do iceberg da nossa mente — mais ou menos como o banheiro nos fundos desse bar. Só que menos limpo, claro.

O Museu Freud (Berggasse, 19), localizado no apartamento onde o pai da psicanálise viveu e trabalhou por 47 anos, é decepcionante e sem grandes atrativos, com a exceção do seu encantado divã. Mas, às vezes, o mundo é uma metáfora pronta. Da janela pode-se ver, do outro lado da rua, o Dhevari Spa, "o primeiro spa asiático de luxo de Viena".

A poucos passos numa linha reta a partir da porta do prédio de Freud, a clientela tem acesso a um tratamento "dos pés à cabeça" a 109 euros por 105 minutos de massagem e banhos. Há outras opções que incluem massagem tailandesa, óleos, pedras quentes, reflexologia chinesa nos pés, Shiro Abhyanga indiana na cabeça e nos ombros, terapia japonesa a quatro mãos, banhos quentes etc. Tudo custa na média o preço de uma sessão de psicanálise.

A descontar os círculos mais intelectualizados e caros de cidades neuróticas como Buenos Aires, Paris ou Nova York, podemos acreditar que o século XXI será totalmente da solução oriental. A não ser que a psicanálise substitua seus divãs por banheiras de hidromassagem ou tapetes de ioga.

A IMPERATRIZ DO MARANHÃO

(Imperatriz / Outubro, 2008)

A TARDE DEMORA A CAIR EM Imperatriz, capital do Maranhão do Sul. Nas praças e calçadas, senhoras com vestidos até os calcanhares varrem a terra do chão com vassouras de palha. Desaparecem em nuvens de fina poeira vermelha. Alguém joga um balde de água para ajudar a fixar a terra seca. A água quase evapora antes de encontrar o chão. O pó parece infinito.

Ontem à noite, do avião, vi o traço semicircular de uma boca aberta pegando fogo na planície do cerrado — parecia uma representação gigantesca do sorriso diabólico do gato louco de Lewis Carroll. Mas esse não é nenhum País das Maravilhas, e a boca incandescente passa longe da metáfora. Em outubro desse ano, foram 12 mil focos de queimadas no estado. Na escada do avião, a cidade me recebeu com um bafo quente de cheiro de incêndio.

Não há mar em Imperatriz, mas nela há algo de cidade portuária. A BR-010, Belém-Brasília, passa pelo meio da cidade, um entroncamento de rodovias e destinos nas entranhas do país. É um entreposto rodoviário, com gente de toda a parte. Meu quarto é o único disponível no hotel Presidente, ainda que eu não veja ninguém nos seus longos e silenciosos corredores de hospital.

Na avenida Beira-Rio, fronteira do estado à margem direita do Tocantins, até o repentista que nos vende improvisos respira política na tarde em que a tarde demora a cair. As disputas entre o clã dos Sarney e o *resto* são lembradas, veladamente ou não, a todo momento. E aí acontece de a conversa subitamente mudar de tom: fala-se baixo, olha-se para os lados.

Logo alguém me dirá que Imperatriz não é só pistolagem, como falam por aí. Que os crimes de encomenda são coisa de um passado distante da Princesa do Tocantins, assunto de tempos em que essas plagas eram conhecidas como *faroeste brasileiro*. Tento lembrar aos meus novos amigos, enquanto tomamos cerveja em mesas de plástico numa calçada ao som do calipso cuspido por uma caminhonete, que venho do Principado de San Sebastián del Río de Janero. Lá, na cidade maravilhosa, ainda se cometem assassinatos de manhã no principal acesso à cidade — e com sessenta tiros. Pergunto se eles já ouviram falar de algo assim em Imperatriz.

Eles dizem que não. Um desconhecido de chapéu de vaqueiro na mesa ao lado se intromete na conversa e pergunta: "E pra que desperdiçar 59?"

TRÊS PISTAS DE DANÇA

(Buenos Aires, Saigon, Berlim / 2008-2012)

UMA PISTA DE DANÇA É MAIS que um grupo de seres humanos movendo-se ao som de música. É a arquitetura do salão, o rito do convite, o código da roupa, a ética geométrica das linhas que não se cruzam — e a interação entre todos esses fatores no quadrilátero iluminado onde os habitués bailam e estrangeiros esbarram em regras não escritas. Aqui, três célebres pistas de dança que ultrapassam o baile.

BUENOS AIRES — O centenário edifício *art noveau* da Confitería Ideal abriga uma milonga tradicional no segundo andar, depois da escadaria castigada pelos passos de gerações de *tangueros*. Fuja dos shows para gringos e procure os horários frequentados pelos locais — há milongas menos óbvias que a Ideal na cidade, mas nenhuma delas tem esse salão espetacular. Ali, entre colunas de mármore e luminárias de cristal, casais de todas as idades rodopiarão em sentido anti-horário até o fim dos tempos. Sente-se numa das mesas e peça uma cerveja enquanto observa o silencioso convite que inicia a dança — o célebre *el cabeceo*, um leve aceno que o homem dá com a cabeça depois de uma troca de olhares, ainda distante da dama sentada. Entende-se o delicado acordo de cumplicidade. É uma dança grave, mas a metafísica nunca teve tanto coração. O tango reúne a sensualidade dos primeiros encontros e a tragédia do último no mesmo passo — não há maior intimidade possível para um casal de desconhecidos.

SAIGON — Apocalypse Now é um nome de péssimo gosto para batizar qualquer estabelecimento no Vietnã, mas talvez seja mesmo adequado para essa boate no Distrito 1 da cidade, sede de consulados e edifícios governamentais da república socialista. Por trás da fachada de pedras de jardim, turistas, malandros e belas vietnamitas bebem drinques caros e vagabundos enquanto dançam poperô radiofônico ocidental. Seria um inferninho obscuro igual a milhares de outros pelo planeta, mas aqui uma dúzia de seguranças armados e uniformizados vigia a ação sob as luzes estroboscópicas da pista de dança — plantados dentro dela. São como totens com expressão ambígua no rosto, flutuando imóveis enquanto o baile segue ao redor. Todos os dias, o DJ fecha a noite tocando "The End", do Doors, parte da trilha sonora do filme que batiza o lugar. É triste o purgatório, mas continuamos dançando — eu me lembrava do Rio de Janeiro o tempo todo. Arrisque-se: 2C Thi Sach, cidade de Saigon / Ho Chi Minh. (Para outra boate na Indochina com nome correlato, vá à Heart of Darkness em Phnom Penh, capital do Camboja.)

BERLIM — Se há um lugar na Europa onde brasileiros são mais barrados que no aeroporto de Barajas, em Madri, esse é o Berghain, o maior clube de Berlim, cuja inescrutável *door policy* é tão lendária quanto o seu sistema de som *Funktion--One*. A boate-monumento de música eletrônica funciona numa antiga estação de energia elétrica em Friedrichshain onde, por cerca de 20 euros, você ganha um carimbo no pulso depois da aprovação de um porteiro muito, muito mau, tatuado no rosto e com argolas nas orelhas, narinas e lábios. Há dias em que menos de 10% das pessoas que encaram a fila por horas na madrugada gélida é aprovada. Nos bons fins de semana aquilo é um passaporte, já que o lugar abre sexta e só fecha domingo. Mais de uma vez fui dormir em casa e voltei de dia, quando, nos crescendos de *deep house*, o Panorama Bar abre as janelas e deixa o sol iluminar os zumbis do GHB. Caso você consiga entrar, não esqueça que tudo é uma aventura no Berghain — especialmente ir ao banheiro.

A EXPERIÊNCIA BRASILEIRA

(Rio de Janeiro / Outubro, 2014)

A LUFADA DE VENTO QUENTE E úmido que entra pelas janelas do táxi, o cheiro de esgoto, as luzes da favela que logo nos cercam quando ganhamos a Linha Vermelha, o vulto iluminado do Cristo no topo do morro distante, e logo o túnel Rebouças, a Lagoa, a diferença. E o açaí com granola, o biscoito Globo, o chope aguado, o escondidinho de carne-seca do Jobi, a cachaça no copo de plástico na Lapa, a pimenta no pastel de camarão na mureta da Urca, o polvo da Adega Pérola.

Acompanhar uma turista europeia no Brasil pela primeira vez é testemunhar uma sucessão de inaugurações e perguntas. Por que o dinheiro tem figuras de bichos e não de pessoas? Por que o aeroporto parece uma rodoviária? Por que os prédios são tão feios e colados uns nos outros? Por que as pessoas olham tanto pra mim? E por que falam tão alto?

O encanto e o susto do visitante escancaram o exotismo que insistimos em negar nas nossas tentativas de modernidade. O Rio pode ser algo entre "a Malásia e alguns bairros de Istambul", uma cidade onde "os prédios parecem que foram colocados por uma criança brincando de lego" e "uma feira dentro de uma selva".

Entende-se o desconcerto. É uma cidade construída sem planejamento ao redor de um maciço que abriga uma floresta tropical. Aqui, na gangorra topográfica que mistura tijolo e mata atlântica, o homem ainda disputa espaço com a floresta e com os macacos escalando árvores sob círculos traçados no ar por urubus. Do alto dos morros, o panorama íngreme e sinuoso das favelas deságua no paliteiro recortado por tentativas de geometria nas avenidas do asfalto até o oceano. Não há nada parecido com isso.

Vamos ao centro de ônibus pela orla, onde os bem-adaptados cidadãos do Rio de Janeiro caminham, correm, andam de bicicleta, jogam variações de futebol na areia — altinho, futevôlei, bobinho, gol a gol. Eles bebem água de coco nos quiosques à beira da praia de Ipanema, exercitam-se em aparelhos de metal, bronzeiam seus corpos prósperos navegando pelo calçadão. Observamos esse panorama enquanto tentamos sobreviver à viagem. O motorista dirige como um louco e quase batemos. Depois da freada brusca, a gringa é a única a gritar.

A praia de Botafogo, os jardins do aterro do Flamengo e logo o centro se anuncia depois da praça Paris. Caminhar pela primeira vez no largo da Carioca, o primeiro café na Confeitaria Colombo e pela primeira vez olhar as colunas neomanuelinas do Real Gabinete Português de Leitura.

Pela primeira vez perder-se pelas ruas do centro do Rio de Janeiro, entre os carros de som dos candidatos a vereador, seus jingles misturando-se aos sons das lojas do Saara numa cacofonia histérica. A gente com pressa, os vendedores de rua, os engravatados empapados de suor, a fauna inusitada, os loucos, os mendigos, nós.

E o som de bate-estacas, britadeiras, obras que se espalham pelo pentimento arquitetônico do centro do Rio de Janeiro: caixas com janelas, arranha-céus pós-modernos, portarias *art déco*, prédios afrancesados ou sobrados de herança portuguesa — muitos caindo aos pedaços. A cidade engole e regurgita a si mesma num processo de eterna cicatriz aberta, metástase e reconstrução permanente.

A experiência brasileira é, também, acostumar-se ao som dessa demolição.

ENCAPSULADO

(Tóquio / Abril, 2007)

PERDI O TREM. EM TÓQUIO, o trem para de passar à meia-noite e meia e retorna às cinco e meia. Voltar para casa de táxi é muito caro, o que faz com que muita gente espere a reabertura da estação dormindo na calçada ou num café. Desesperado de sono, caminho pelas avenidas iluminadas de Kabukicho, principal ponto de encontro de moscas humanas da cidade, cercado por lanchonetes de *fast-food* americano, agências de prostituição, prédios de karaokê, videogame, *pachinko* e *sex shops*, restaurantes de *yakitori* gorduroso, árvores ocas e nuas, bares mal iluminados, lojas 24 horas de quinquilharias e corvos catando lixo sobre poças escuras em ruas e becos superlotados de estudantes embriagados, homens de negócios com gravatas afrouxadas, vagabundos de todos os quilates, acompanhantes, carecas da Yakuza e estrangeiros perdidos como baratas do mar sob o oceano de néon, incansavelmente abordados por intermediários multiétnicos de drogas e mulheres.

Mas não quero nada disso. São duas e meia da manhã e procuro por um hotel cápsula.

Ignoro a ilustração que adverte para a proibição de homens tatuados e bêbados — sou um deles — e entro. Subo dois lances de escada e chego à recepção, onde tiro os sapatos e assino meu nome. Recebo uma chave (3021), um roupão e duas toalhas, assim como breves instruções em japonês. Vou ao vestiário e troco de roupa.

Antes de dormir, exploro os corredores lúgubres e estranhamente iluminados do hotel cápsula. Uma cápsula é uma gaveta de fibra de vidro. Você dorme na gaveta, enquanto outros dormem na gaveta abaixo ou acima. Cada corredor tem umas trinta gavetas por parede, três fileiras de dez, uma sobre a outra. Aqui devem ter umas quinhentas gavetas.

Nos banheiros coletivos cheirando a cigarro, velhos japoneses assoam ruidosamente o nariz com água da torneira. Como eu, imagino que a maioria desses homens tristes e vestidos em roupões puídos deve ter perdido o trem.

Reúno coragem e resolvo procurar minha cápsula. Ela fica no terceiro andar (são cinco). Para minha sorte — ou azar, não sei — minha gaveta está no meio de outras. Acima dela, alguém dorme. E também aos lados.

As gavetas não têm porta, apenas uma pequena cortina de bambu que, além de luz, deixa entrar o som dos outros. A abertura por onde você entra tem cerca de cinquenta centímetros de altura e largura. É impossível ficar de joelhos, muito menos de pé. Dentro desse retângulo exíguo, não consigo me virar ou esticar o corpo inteiro. A estrutura de fibra comporta um pequeno monitor de TV, alimentado por moedas, e um controle lateral de rádio e luz. Procuro por um ventilador ou ar-condicionado, mas não há. Faz calor dentro do caixão.

Durmo um sono de seis horas cheio de sobressaltos (acordo toda vez que alguém pisa no corredor) e tenho uma longa sequência de sonhos lúcidos. Dentro dos sonhos, pego meu caderno de sonhos e anoto o sonho dentro do sonho. Isso é uma recorrência, aliás, e talvez a melhor literatura que jamais produzirei.

Às nove, uma mensagem automática ressoa dentro da cápsula. Não entendo do que se trata e volto a dormir. Às nove e meia, nova mensagem, e o eco de música clássica pelos corredores. Um homem abre a cortina da minha cápsula abruptamente. Um bloco de luz branca invade meus olhos.

No vestiário, os *salarymen* e suas feições amarfanhadas voltam a mostrar alguma dignidade ao retomarem a posse dos seus ternos e gravatas. Quando saio para encarar com o corpo moído a manhã quente de Tóquio, um confiante funcionário me oferece um cupom de desconto para a próxima noite.

ONDE NUNCA ANOITECE

(Estocolmo / Junho, 2014)

VIM À SUÉCIA EM BUSCA DE luz. No verão, há partes do país em que o sol nunca se põe. Em Estocolmo, temos algo parecido com um lusco-fusco, mas nunca anoitece completamente. O que se vê é uma "hora azul" que se cristaliza às 11 da noite e, a partir de uma da madrugada, transforma-se num muito longo amanhecer.

O crepúsculo parece infinito. A sensação de fotograma parado soma-se ao estranhamento de termos a luz artificial dos postes e néons sob um céu em tons claros. A transição entre o dia e a noite deixa de ser uma passagem e transforma-se num estado, um novo centro, uma nova âncora de luz.

No céu escandinavo do equinócio de verão, o tempo congela na fronteira entre o que é e o que deixou de ser. Conseguimos vivenciar o entre — entre o que se viveu e o que não se viveu, o que se teve e perdeu — de forma física. Como se pudéssemos prolongar o momento exato em que deixamos de ser o que éramos até que possamos realmente vivê-lo sabendo disso.

Talvez seja a manifestação visual desse estado de angústia que faça com que eu e toda a nação sueca precisemos beber como vikings existencialistas nessa época do ano.

Caminho pela madrugada — o bom sono é outro daqueles hábitos dos seres humanos que me abandonou há tempos — e vejo gaivotas enlouquecidas dando rasantes pelas avenidas desertas de uma grande cidade. Elas pousam nos sinais piscando amarelo e emparelham bêbadas comigo pela calçada. Guincham para mim, e eu respondo.

Em algum momento dessa coisa que não é noite ou dia, tentarei dormir. E, mesmo usando cortina e máscara, passarei a noite em vigília. Há anos não tenho sonhos tão cristalinos.

Se muitas vezes pesadelos surgem de um trauma, o contrário também é comum: o momento do trauma soa como um pesadelo até que nos confunda. É real a tragédia ou a estamos sonhando? Que tipo de pesadelo é esse que continua quando acordamos? Há sempre a pergunta que se repete no fundo dos nossos pensamentos: isso não pode estar acontecendo.

Vemos uma ponte iluminada sobre um dos muitos canais de Estocolmo, onde há uma praia, que dizem chamar Copacabana, à beira de um cais. Numa ladeira ao lado, mais próxima às estruturas do gigante de concreto, há uma casa de madeira no meio de algo semelhante a um pasto. Aquela casa debaixo da ponte, perto de uma praia, não deveria estar ali. "É simplesmente errado", eu digo, e a mulher sueca ri. Abrimos o portão e caminhamos ouvindo o som dos nossos passos no cascalho. Paramos em frente à casa absurda. No segundo andar, vemos uma luminária acesa por trás da cortina vermelha sob o céu da meia-noite em tons de azul. A luz do céu, a luz da ponte, a luz por trás da cortina vermelha — não estamos acordados.

Um dos meus livros preferidos é *Inferno*, de Strindberg, um diário no qual o escritor sueco relata as vozes que viajaram de Estocolmo para persegui-lo em hotéis baratos na Paris do crepúsculo do século XIX. Nos tempos sombrios em que seguimos vivendo, essas vozes são tão reais quanto as que nos visitam em sonhos. Pelo menos ainda podemos brindar a elas em salões como o "Salão Vermelho", o Röda Rummet do romance sueco de mesmo nome. A pequena sala é anexa ao Berns Salonger, um triunfo arquitetônico do tamanho de uma estação de trem estacionado dentro de um hotel. É melhor conferir seus gigantescos candelabros de cristal tomando um *punsch* à tarde — na madrugada, o histórico bar de artistas e boêmios transforma-se numa discoteca ruim, capaz de afastar qualquer fantasma.

DENTRO DA NEBLINA

(Salsta / Junho, 2014)

O MIDSOMMAR NA SUÉCIA É UMA espécie de Natal em junho — só que mais importante. Para participar da festa popular que celebra o solstício de verão e o ciclo de fertilidade que o acompanha, os suecos viajam para o interior, vestem roupas típicas, erguem um mastro coberto com folhas e flores e dançam ao seu redor como bons pagãos ao som de música tradicional.

Depois colhem os primeiros morangos silvestres da estação e bebem *snaps* até cair. Come-se também bastante arenque, batata e carne de caça da região — ou pelo menos foi assim na casa que generosamente me acolheu.

O feriado acontece na primeira sexta-feira entre os dias 19 e 26 de junho a cada ano, quando as grandes cidades do país são abandonadas pela sua população. Em Estocolmo, sobram as gaivotas.

Partimos de carro rumo a uma casa de campo ao lado do Castelo de Salsta, na região de Uppsala. Depois de um desvio na rodovia, o verde: planícies, pasto, vacas e ovelhas. Não há céu de Brasília que se compare. Aqui a visibilidade é ainda maior e as formas brilhantes das nuvens se espalham por um azul cujo horizonte parece não ter fim.

Olhar o céu da Escandinávia pela primeira vez num dia claro é como descobrir que você usou óculos com o grau errado a vida inteira.

Num vilarejo de aproximadamente seiscentos habitantes, testemunhei jogos de cabo de guerra entre povos vizinhos. A tradição, como tudo aqui, é bem mais antiga que o meu país. Uma das equipes forasteiras vestia-se como romanos e entrou fazendo barulho, com cuspidor de fogo, moças de minissaia e batucada em ritmo marcial. Usavam instrumentos de samba, alguns repiniques e bumbos importados do Brasil, mas não quebravam o ritmo. Aquela ausência de síncope ou balanço foi me deixando irritado. Eu estava mesmo disposto a arrancar a caixa das mãos de um dos suecos e ensinar uma levada de samba, suingando as semicolcheias etc. — é nesses detalhes que se manifesta o brasileiro interior.

Foi o Midsommar mais frio dos últimos cem anos na Suécia. Durante o dia as temperaturas ficaram em torno de 15ºC e à noite tenderam a zero. Na madrugada clara do solstício de verão fizemos uma festa na sala de casa e, surfando na onda da psicodelia, vestimos os casacos de vison da família antes de sair às brumas do descampado.

Sob o sol das três da manhã, caminhamos sobre o orvalho congelado do campo, pulamos cercas, ultrapassamos pontes sobre córregos enevoados. Depois, nus, desafiamos temperaturas extremas numa sauna finlandesa dentro de um estábulo e numa piscina a céu aberto. Ao final, um fantasma nos espreitou pela janela de uma das torres do castelo e corremos, atravessando colchões e colchões de neblina.

Mas a neblina é um pouco como a felicidade, só se vê de longe, nunca de dentro.

ENTRE O EMBARQUE E O DESEMBARQUE

(Madri/Tel Aviv, Ibiza/Madri / 2011-2013)

VOAR É UM POUCO COMO A vida: ao contrário do que o senso comum sugere, a experiência não torna mais fácil. No caso dos aviões, parece ser difícil acostumar-se com as filas, a revista, o confinamento, o ar viciado, a má comida, a atmosfera genérica e desconfortável das salas de embarque. E o tempo morto. Mas às vezes algo acontece entre o embarque e o desembarque. E o viajante precisa apegar-se à oportunidade ou driblar a crise. Segue uma breve antologia pessoal.

MADRI/TEL AVIV (2011) — Antes mesmo do check-in do voo da El Al no aeroporto de Barajas, funcionários do governo israelense fazem perguntas sobre o propósito da minha viagem. E mais: "Alguém te deu algum presente em Madri?" Eu digo que sim, livros. Qual sua profissão? "Escritor." A moça simpática chama um careca que, compenetrado, faz anotações numa caderneta. "E o que você escreve?" Ficção. "Ficção? Ah, ficção é melhor..."

Eles conversam em hebraico e logo decidem. Pegam o meu passaporte e levam-me a uma sala de espera com pôsteres de Israel num subsolo do aeroporto. Depois de meia hora vendo programas de turismo de algum canal de TV israelense, sou chamado para a revista, num cubículo ao lado. Dois policiais trancam a saleta a chave. Sem pressa, vestem luvas de plástico nas mãos. Um deles ordena: "Abra o botão da calça." Eu hesito. Já ia desistindo de conhecer a Terra Santa quando o outro se aproxima com um detector de explosivos e o aproxima da minha cintura. O mesmo aparelho foi passado por todos os livros e roupas da minha mala.

Quando tudo terminou, não pude subir até a sala de embarque. Pouco antes de o avião decolar, uma policial me escoltou até a minha poltrona, no fundo do corredor. Os passageiros me olharam como se eu fosse uma ameaça.

Em Tel Aviv, nova inquisição, sala e tratamento especial. Naquele país, ao que parece, ser escritor é perigoso. Óbvia anotação mental: o que fazer para ser um escritor perigoso no Brasil.

IBIZA/MADRI (2013) — Voo típico de fim de férias, baixo-astral entre os passageiros, clima de ressaca entre as fileiras não reclináveis da companhia *low cost*. Como se não bastasse voltar das Ilhas Baleares, de onde ninguém em pleno uso das faculdades mentais pode querer ir embora, um passageiro tem um ataque de pânico depois das portas já fechadas.

Ele começa a chorar e aperta o botão de emergência. O avião já começa a taxiar sob a cantilena das instruções de emergência. A aeromoça pergunta se o homem quer mesmo descer. Ele soluça, soluça, soluça, e diz que quer. Os passageiros reclamam pra burro, a coisa dura mais de uma hora, já que a mala tem que sair do avião junto com seu dono. Eu invejo em silêncio sua retidão pessoal, o belo ataque de choro capaz de parar uma aeronave. Não tenho a coragem de também descer do avião.

RIO DE JANEIRO/NOVA YORK (2014) — Um voo noturno em que meu monitor de LCD não funciona. Reclamo com a aeromoça, que me oferece trocar de lugar. Mal-humorado, nego, digo que vou registrar uma reclamação, tento ser chato com a funcionária que não tem nada a ver com aquilo. Ao meu lado, na janela de uma fileira dupla, está alguém que eu descobriria ser uma jovem americana de cabelos muito pretos e muito lisos, professora de piano, que oferece: "Pode ver na minha tela." Dividimos os auriculares. O sutil toque dos ombros, a conquista do território das mãos e das lembranças de infância. Terminamos o tinto da aeronave quando ainda estávamos sobre o Nordeste brasileiro. Fizemos cabaninha com os cobertores e atesto e dou fé que, a 30 mil pés de altura, é outra coisa.

O QUARTO DE AGATHA CHRISTIE

(Istambul / Maio, 2013)

O MUNDO ERA MAIOR, MAIS CARO, e o Pera Palace foi construído para os poucos que podiam pagá-lo. Um opulento baile de abertura em 1895 celebrou a nova casa dos passageiros do Orient Express, que desembarcavam no terminal de Sirkeci, em Constantinopla, saídos da Gare de L'Est, numa Paris a 3 mil quilômetros e oitenta horas dali.

Depois dos palácios otomanos, o hotel foi o primeiro endereço da cidade a receber eletricidade e água quente. Também ganhou o primeiro elevador do país, uma extraordinária gaiola de ferro rococó que hoje apenas funciona no passeio guiado oferecido aos hóspedes, após o check-in, por um concierge de chapéu. Debruçado sobre o Bósforo, sofreu poucas mudanças antes da grande reforma de 2006, que durou quatro anos e diminuiu o número de quartos (eram mais de 150 e hoje são 115), além de deixá-lo com aquele cheiro anódino encontrado em hotéis de cinco estrelas por todo o planeta.

O suntuoso hall em mármore, com seis cúpulas retráteis que abrem seus vidros turquesa para o vão central do edifício, exibe uma mistura de orientalismo, art nouveau e neoclássico. Na virada do século, a salada francófila entre *beaux-arts* e estilo otomano ainda deveria ser inacreditável ou cafona para alguns olhos, mas hoje tudo é simplesmente "magnífico". É o que repete a guia de um grupo de japoneses que subitamente lota o lobby apontando câmeras fotográficas para o extravagante teto. Eles usam chapéus de pescador, elas, coletes de tweed. Depois, beberão chá — as mulheres num canto, os homens no outro.

Estou entre eles, tentando escrever e respirar a atmosfera do lugar que já teve entre seus hóspedes conspiradores, escritores, espiões, cineastas, beldades, políticos. Ou gente como Mata Hari, Alfred Hitchcock, Graham Greene, Sarah Bernhardt e Mustafa Kemal Atatürk, o pai-fundador da Turquia moderna, que chegou a morar por lá — seu quarto, o 101, é hoje um museu.

Outros célebres quartos, no entanto, ainda podem ser reservados. Há o 412 (Greta Garbo) e o 420 (Ernest Hemingway) — este tem dois frigobares, com doses alcoólicas proporcionais à conhecida sede do escritor. O mais emblemático deles é o 411, que a romancista Agatha Christie usou com frequência entre 1926 e 1932. Como reza a lenda que ali ela escreveu *Assassinato no Expresso do Oriente*, grande sucesso de uma escritora que já vendeu 2 bilhões de livros, há quem acredite que o investimento de 280 euros a diária possa valer a pena.

Desconfio que não. O turismo se apropria de tudo até esvaziar o significado ou a mística de qualquer lugar — e cinco minutos depois da chegada do grupo de japoneses, percebo o ridículo de pretender escrever algo ali, de querer ser o escritor dentro da fotografia (dos turistas do século XXI ou de um álbum de fotos em preto e branco no entreguerras, tanto faz), e me vejo como um daqueles jovens americanos recém-chegados a Paris que se põem diante de um Moleskine num café e abrem os olhos e narinas buscando inspiração.

O que eu encontraria no Pera Palace seria outra coisa. Além do fetiche literário para quem pode pagá-lo, o quarto

411 guarda a chave de um estranho caso relacionado a sua célebre hóspede.

Na noite de 3 de dezembro de 1926, a escritora saiu sozinha de sua casa em Berkshire, no sudeste da Inglaterra. No dia seguinte, um automóvel abandonado com as luzes acesas foi descoberto numa vala a alguns quilômetros dali. Era o seu carro. Ela foi dada como desaparecida.

Christie, aos 36 anos, já era uma das autoras mais populares do mundo. O sumiço durou onze dias, foi capa do *New York Times* e os tabloides ingleses acompanharam a investigação como se fosse um romance policial. Como o detetive belga Hercule Poirot não poderia pegar o caso, até Arthur Conan Doyle tentou ajudar a encontrá-la — sem nenhum sucesso. Teorias simultaneamente absurdas e plausíveis, como eram os desfechos dos seus livros, foram levantadas até que a escritora foi localizada num hotel de luxo em Yorkshire, registrada com o nome da amante do marido, em estado de amnésia temporária e esgotamento nervoso. A rainha do crime jamais esclareceu o caso, se furtando a explicá-lo na sua autobiografia.

A história liga-se a Istambul em 1979, três anos depois da sua morte, quando a Warner lançou um filme sobre o episódio — *Agatha*, com Vanessa Redgrave no papel. Numa jogada publicitária, a produtora contratou uma paranormal popular entre estrelas de Hollywood, Tamara Rand, e pediu para que ela evocasse a alma da escritora com o objetivo de solucionar o mistério de seu desaparecimento meio século depois.

A informação que veio do além foi que a chave do segredo seria encontrada no famigerado quarto 411, em Istambul. No dia 9 de março de 1979, duas chamadas de longa distância foram feitas: Miss Rand orientava por telefone a busca dos produtores em Istambul ao mesmo tempo que, num transe mediúnico em Los Angeles, via a escritora morta entrar no quarto e esconder uma chave sob o assoalho. Do outro lado do mundo, depois de arrebentar o chão de madeira, foi o que acabaram encontrando. Rand tinha visto Agatha usar essa chave para trancar um diário numa caixa de madeira. O espírito da escritora depois esclareceu que só com a chave na mão de Tamara Rand diria onde estava a caixa.

Isso nunca aconteceu. O gerente do hotel, Hasan Süzer, foi mais rápido que todos e colocou a chave no bolso. Em troca, pediu 2 milhões de dólares para reformar o hotel. Para piorar, em maio houve uma greve de funcionários que durou um ano, e as negociações entre a Warner e o hotel azedaram em definitivo. A chave hoje está guardada num cofre de banco em Istambul. Não se tem notícia do diário que enfim explicaria os onze dias subtraídos da vida pública da escritora.

Como a fantástica história colocou o hotel no mapa dos leitores de Agatha Christie, há uma imitação rústica da chave num display de vidro no quarto andar. A própria suíte 411 parece uma reprodução de si mesma, com uma máquina de escrever comprada num antiquário, alguns livros na estante, pesadas cortinas vermelhas e um pôster de Christie sobre o frigobar. A única coisa autêntica ali dentro parece ser o chão de madeira, que se curva barulhento ao caminhar.

Ou era o que eu pensava até começar a ter o mesmo sonho todas as noites em que me hospedei no Pera Palace. Nele, uma porta do armário se abria e me levava dali até um outro apartamento, na rua da Relação, Lapa, Rio de Janeiro, onde dessa vez quem ia desaparecendo era eu, até virar uma abstração, sem corpo ou psicologia. "O maior mistério é a ausência de mistério", uma voz me dizia no fundo de tudo.

TURISMO CAPILAR

(Madri, Berlim, Buenos Aires / 2008-2012)

Nos últimos anos, uma rotina de viagens cada vez mais longas fez com que eu passasse a cortar o cabelo sempre fora do Brasil. Abandonei a estável relação que tive com barbeiros de nomes como Péricles e Kléber para aventurar-me na roleta da tesoura desconhecida. Como certa vez escreveu Alan Pauls, "cada salão que não se conhece e no qual se aventura é um perigo e uma esperança, uma promessa e uma armadilha". Destaco aqui alguns relatos desse constante flerte com a desaparição.

MADRI — No boêmio bairro de Malasaña fica a Corta Cabeza. Descendo pela Corredera Baja de San Pablo, depois de um lauto almoço e alguns mojitos, vejo a fachada em estilo industrial e decido entrar. Sou sempre atravessado pela decisão de cortar o cabelo em viagens de forma imperiosa, como se vivesse um daqueles raros momentos de iluminação. A certeza que acompanha cada passo. Eles tinham horário, era o meio de uma tarde calorenta de terça-feira.

Quem lavou a minha cabeça foi uma trans filipina com 1,80 metro e mãos firmes. Meditar de olhos fechados enquanto uma desconhecida entrelaça os dedos pelos seus cabelos molhados com água quente e xampu é um dos grandes prazeres da vida, inclusive superior à toalha morna que antecipa o toque da lâmina no rosto. Meu barbeiro foi um anão. Quando me sentei na poltrona de couro negro, seu rosto ficou exatamente na altura da minha cabeça. Atmosfera almodovariana à parte, foi o melhor repicado que tive em anos. A Corta Cabeza diz em seu site (cortacabeza.com): "Somos fabricantes de beleza." Digamos que, em mim, eles tentaram com bravura.

BERLIM — O Bernardo Carvalho já escreveu sobre ele, mas creio que o conheci primeiro. Trata-se do barbeiro comunista de Neuköln, cujo negócio tinha como símbolo a foice e a tesoura no lugar do martelo. O salão ficava no centro do bairro de imigrantes turcos e árabes, tema do aparentemente inesgotável debate sobre gentrificação que domina a cidade. Tinha apenas uma cadeira, paredes desbotadas e quadros *naïf* francamente horríveis pendurados na parede. Quando perguntei em inglês se ele tinha horário, me olhou com má vontade e disse: "Volte às seis da tarde. E lave o cabelo!"

Três horas depois, lá estava eu de novo, sentado com um lençol branco sobre o colo, ouvindo um disco de rock industrial. O homem, um tipo de 45 anos, camiseta rasgada e cabelos esvoaçados, se desentendeu com o cortador elétrico e jogou-o no chão. Gritou com a assistente, que, desconfio, também era sua mulher. Chutou um balde de lixo no cachorro que dormia esparramado num canto. O cachorro latiu. Como eu não falo alemão, sorri em desespero. Depois o homem monologou num inglês gutural, com o mesmo sotaque de um Werner Herzog, contra Berlim, a Alemanha, os turistas, a arte contemporânea, os preços dos aluguéis e o aburguesamento do bairro — isso tudo enquanto gentrificava minhas madeixas com um corte à la Playmobil. Escrevendo este texto, descubro em um obituário do jornal *Tagesspiegel* que ele morreu em agosto de 2013. Infartou com a tesoura na mão.

BUENOS AIRES — O Roho é o salão hipster quase-fora-de-moda da cidade, onde estrelas do rock e *wannabes* em geral cuidam de seus mullets e franjinhas há duas décadas. A casa original fica em Caballito, passou por Palermo Viejo e hoje está na Calle República de Indonesia 89. Estive lá na penúltima encarnação da *peluqueria,* quando o lugar parecia uma boate. Após a lavagem — no teto, telas exibiam um clipe hipnótico e sensual que se repetiu dezenas de vezes —, uma diligente funcionária me levou de mãos dadas até a sala principal. Ali está a magia do lugar. As duas paredes de espelhos, cortadas por faixas de LED em movimento multicolor, refletiam-se num jogo infinito. De cada lugar, você conseguia ver seu rosto e suas costas, assim como o rosto e as costas de todas as outras pessoas, tudo multiplicado até a dissolução. Era como entrar num caleidoscópio.

Se nas milongas e cafeterias de Buenos Aires os espelhos evocam metafísica, esse aquário de reflexos desperta curiosidades e tremores em partes inferiores do abdômen. Enquanto sentem a suave mordida da tesoura contra seus couros cabeludos, os clientes portenhos se miram. E se miram. E se miram. E se miram.

A CORRIDA DOS SANTOS

(Gubbio / Maio, 2013)

No início, a multidão abre caminho para uma pequena banda de metais, os sacristãos, o padre erguendo uma cruz de bronze, a santa que os braços tentam alcançar em troca da bênção. Nada que você nunca tenha visto numa cidade de interior em qualquer nação católica. Mas, subitamente, há um tremor de euforia. As crianças pulam, as mulheres começam a acenar. Do alto da rua, centenas de homens dobram a esquina. Eles usam camisas amarelas, vermelhas ou azuis — todos com calça branca, lenço vermelho no pescoço e na cintura. E descem correndo e gritando, abrindo espaço para o que está por vir.

A cada 15 de maio, a pequena cidade medieval de Gubbio, no nordeste da Úmbria, na Itália, é palco de uma das mais antigas, complexas e originais festas populares do planeta. Trata-se da "Corsa dei Ceri", que celebra o aniversário da morte do bispo Ubaldo Baldassini, canonizado santo protetor da cidade.

Seria uma procissão normal, se as *ceri* (os círios) não fossem pilares de sete metros de altura pesando 280 quilos cada. E se não se tratasse de uma *corsa* (corrida) disputada em alta velocidade por São Ubaldo, São Jorge e Santo Antônio. Cada um dos santos está no topo de um poste de madeira, sempre carregados por dez *ceraioli*. Eles se revezam em grupos por duas horas até chegar à basílica de São Ubaldo, no topo da cidade alcantilada — onde os círios gigantescos ficarão até o ano seguinte.

A rivalidade parte de um sistema bastante rígido de estratificação social: os partidários de São Ubaldo, vestindo amarelo, são de famílias de construtores, gente que vivia dentro dos muros da cidade. Os de São Jorge, usando azul, comerciantes. E os de Santo Antônio, de vermelho, camponeses.

Quem vence? Como São Ubaldo sempre entra primeiro na basílica, se a distância dele até os outros for grande, os amarelos se permitem fechar a porta e humilhar os outros grupos. Os azuis também podem fechar a porta na cara dos vermelhos. De qualquer forma, o vencedor vai ser determinado pela habilidade das equipes, julgada pela população da cidade que acompanha a corrida com atenção pelo circuito labiríntico.

Carregar os ícones de madeira com equilíbrio e velocidade por essas ruas estreitas lotadas de gente sem derrapar ou deixá-los cair é tarefa dificílima, transmitida por gerações desde o século XII.

Como a tecnologia da Liesa (Liga Independente das Escolas de Samba do Rio de Janeiro) ainda não chegou aqui, as discussões são intermináveis e ocupam as ruas da cidade até o ano seguinte.

Às vezes, à noite, há brigas, como a que houve este ano entre os partidários de São Ubaldo e São Jorge. Mas isso é exceção: os dois dias de feriado em Gubbio são marcados por dança, música e distribuição de vinho grátis pela rua. Vê-se poucos turistas: ainda é uma festa local para os locais — e não há nada que nos faça crer que deixará de ser assim pelos próximos novecentos anos.

O PRIMEIRO VISCONDE MONTGOMERY
DE EL ALAMEIN

(Paris / Março, 2008)

APÓS UMA EXPEDIÇÃO PELAS RIDICULAMENTE OPULENTAS entranhas de cristal do hotel Ritz, chegamos ao bar, onde ocupamos os últimos lugares vazios do balcão. O barman nos serve copos de água gelada com fatias quase transparentes de pepino e oferece meia dúzia de drinques extravagantes. Cada um deles é uma mistura complexa, descrita com detalhes e a eloquência de um juiz de direito.

Nego tudo e peço um Montgomery.

Um Montgomery, como *O sol também se levanta*, *O velho e o mar* e *Por quem os sinos dobram*, é um clássico do século XX. O drinque, um *dry martini* turbinado, é assim batizado por causa do marechal britânico Bernard Law Montgomery (1887-1976), que ganhou o título de primeiro visconde Montgomery de Alamein, por ter comandado o 8º Exército britânico na batalha de El Alamein, no Egito. Essa foi a primeira grande ofensiva vitoriosa dos aliados contra a Alemanha na Segunda Guerra Mundial. Montgomery, entre outras ações históricas, ainda participou da invasão da Normandia, quando comandou as tropas terrestres aliadas.

O marechal, no entanto, era um sujeito meio insubordinado e alimentou polêmicas contra comandantes norte-americanos. Daí, talvez, ser tido por muitos (fora da Inglaterra, claro) como um comandante lento, excessivamente cauteloso. Diz a lenda que Montgomery tinha a estratégia de só entrar numa batalha com a vantagem de quinze soldados para cada inimigo.

O correspondente de guerra e escritor ianque Ernest Hemingway, autor de alguns clássicos da literatura do século XX, gostava de seus *dry martinis* servidos na mesma proporção de superioridade de forças: quinze partes de gim para uma de vermute. Daí o nome do drinque.

A relação média desses ingredientes varia, mas há quem diga que um *dry martini* só funciona quase sem vermute — Winston Churchill, que promoveu Montgomery a marechal, bebia *dry martinis* a zero por um. Em seu livro de memórias, Luis Buñuel escreve sobre seu drinque preferido: "Os autênticos aficionados, que apreciam seu *dry martini* bem seco, chegavam a dizer que bastava deixar um raio de sol atravessar uma garrafa de Noilly Prat (marca de vermute francesa) antes de tocar o copo de gim. Um bom *dry martini*, diziam certa época nos Estados Unidos, deve se parecer com a concepção da Virgem Maria. Com efeito, sabemos que, segundo Santo Tomás de Aquino, o poder gerador do Espírito Santo atravessou o hímen da Virgem 'como um raio de sol passa através de uma vidraça, sem quebrá-la'. O mesmo se passa com o Noilly Prat, diziam."

O Montgomery foi assim batizado em Veneza, no Harry's Bar, mas certamente o lugar onde Hemingway bebeu mais Montgomeries, por assim dizer, foi aqui, no pequeno bar do Ritz em Paris, batizado postumamente com o seu nome. E não foi só ele que fincou os cotovelos nos áureos tempos desse balcão, quando a cidade ainda era o centro do planeta. Fitzgerald, Joyce, Sartre, Cole Porter e muitos outros passaram por aqui. Hoje, é lugar de turistas norte-americanos barulhentos, banqueiros brasileiros envolvidos em negociatas e celebridades planetárias de segunda linha que se hospedam no Ritz. A *intelligentsia* internacional já deixou de frequentar o mesmo bar há algumas décadas.

Saímos dali pelo octógono da Place Vendôme como se surfássemos descalços na neve. Um ônibus cheio de adolescentes dançando nos ultrapassa, um senhor de terno numa bicicleta nos ultrapassa (sua gravata flutua como uma flecha que aponta para trás), um cachorro francês nos ultrapassa e, subterraneamente, o último metrô nos ultrapassa. Sobramos nós, observados por Napoleão. Vestido num modelito Júlio César, Bonaparte guarda a praça no topo do obelisco que mandou construir com o bronze dos canhões capturados na batalha de Austerlitz.

 E eu poderia agora te dizer que o nacionalismo propagado pelo imperador francês, as Guerras Napoleônicas e as invasões prussianas culminaram nas duas Guerras Mundiais do século seguinte, e, acima de tudo, no Montgomery de Hemingway no Ritz, mas depois que você sorri para a neve que começa a cair na madrugada fria e me guarda num abraço, isso não vem mais ao caso.

DESCARGA EN EL BARRIO

(Lima / Julho, 2009)

Durante a maior parte do ano, o céu de Lima é branco, carregado por nuvens baixas. A ausência de azul faz com que o tempo pareça não passar durante o dia. Ou pelo menos não fisicamente — a luz das onze horas da manhã é igual a das cinco da tarde.

Em algum momento, anoitece rápido e começa a garoar. Mas, ao contrário do esperado, aqui tampouco chove. As casas não têm telhados ou calhas, as ruas não têm bueiros. Enquanto uma nuvem do tamanho de um elefante flutua baixinho por uma esquina do bairro de Barranco, o taxista diz:

— Alguma vez, sim, deve ter chovido... Mas não lembro.

Nenhum táxi tem taxímetro, os carros não têm uma cor padrão e os preços devem ser combinados previamente. Além disso, é comum ser rejeitado por um táxi à noite: "Não é o meu caminho, señor." Calados no início, os taxistas dessa cidade complexa arriscam aulas de história e culinária peruana se o estrangeiro puxar assunto:

— Isso você não vai ler nos livros, mas a verdade é que nós não queríamos nos livrar da Espanha. Estávamos muito bem com ela!

Por esses dias se comemora a independência. Em toda fachada, há pelo menos uma bandeira do Peru — diz-se que as multas são pesadas para quem não a pendure. Apesar da mobilização nacional, o principal movimento sísmico do país não foi registrado no Congresso, onde o presidente Alan García discursou, e sim num galpão que abriga um clube popular no distrito de Breña.

Aqui, outro aniversário é celebrado. A Descarga en el Barrio, do mestre de cerimônias Omar Córdova, festa quadrimestral de salsa e ritmos afrocaribenhos, como a cumbia peruana, completa doze anos nessa terça com temperatura de sábado.

A fila na rua escura dobra a esquina e chega até a avenida Brasil de Lima, parecida com as profundezas suburbanas do país que lhe batiza. Quinze soles e algumas horas nos separam do momento em que Ivon e Jessica, irmãs de Córdova, subirão ao palco vestidas como debutantes alouradas segurando taças de champanhe. O concerto, com orquestra salsera incluída, percussionistas e naipe de metais, só começará às 2:38 da madrugada, depois de uma pequena explosão de fogos de artifício.

Os limeños chegam muito antes disso, ocupando o ginásio e formando círculos humanos com engradados de cerveja Cusqueña no meio. Demarcam o espaço com determinação, o que faz uma caminhada de dez metros durar quinze minutos. Todos fazem parte de algum grupo — me parece ser uma ousadia impensável chamar uma moça de outro círculo para dançar.

Mas é o que faço quando a noite avança e, com ela, a salsa dura, o transe alcoólico. Sob um calor infernal, movemos os quadris no mesmo ritmo, mas logo se esgota meu limitado recurso de executar passos de forró em compassos caribenhos. Tropeço e levo uma surra de todos os bailarinos do salão ao mesmo tempo.

Lá fora, antes que eu perceba, o céu estará branco de novo. Na esquina, a nuvem que me deixará em casa aguarda, paciente.

ALGO FORA DO LUGAR EM CINGAPURA

(Cingapura / Novembro, 2011)

CAMINHO À NOITE E ALGO ESTÁ fora do lugar em Cingapura. Entre arranha-céus espelhados, avenidas comerciais de luxo e bem-cuidados jardins, a impressão é a de que alguém pode começar a desmontar o cenário e a apagar as estrelas a qualquer momento.

Em tudo há um sentido de irrealidade: os edifícios coloniais ingleses, o Kampong Glam, o bairro árabe, e a Little India daqui parecem saídos de um Epcot Center. A Chinatown da ilha tem ar-condicionado na rua e é limpa como um hospital. A depender do ponto de vista, a cidade-Estado pode parecer uma Hong Kong desidratada ou a Miami do sudeste asiático, mas talvez seja mais fácil dizer o que ela não é: imprevisível ou perigosa. O lugar funciona como um relógio suíço — e orwelliano.

Talvez isso explique o medo que tenho de andar por aqui, ainda que seja o segundo lugar mais seguro do mundo, perdendo por pouco para o Japão. Seguro se você não ficar espalhando ideias desagradáveis por aí, claro.

O processo que transformou uma miserável colônia britânica sem recursos naturais numa das economias mais desenvolvidas do mundo em apenas cinquenta anos inclui perseguição e encarceramento de opositores, controle da imprensa, censura e restrição à liberdade de manifestação. Opositores foram e ainda são sistematicamente processados. A ditadura que alguns chamam de "benévola" produziu uma cidade-Estado globalizada que é o terceiro PIB per capita do mundo e um dos seus maiores centros portuários e financeiros. Os conjuntos habitacionais construídos pelo governo parecem condomínios de classe média alta na Barra da Tijuca ou em Moema.

Está na cara aborrecida dos seus habitantes: Cingapura é trabalho. Além disso, o que sobra para quem não pode praticar o esporte nacional das compras nos seus turbinados centros comerciais é comer. Há praças de alimentação populares espalhadas por toda a cidade, os *hawker centers*. É a versão local da comida de rua que se encontra no resto do sudeste asiático — aqui, nos anos 1970, as barraquinhas foram expulsas da calçada. Elas romperiam os padrões de assepsia que incluem a proibição de vender e mascar chicletes e pesadas multas para quem joga lixo no chão. Restou às autoridades isolar em galpões semiorganizados as centenas de pequenas empresas familiares que oferecem comida chinesa, indiana, japonesa e malasiana desde as primeiras horas do amanhecer até a madrugada. O melhor deles que conheci fica na 19, Old Airport Road. Tem 168 balcões, cada um uma porta ao paraíso.

Num país onde a cerveja em uma boate pode custar dezoito dólares, come-se como um rei pela metade disso. Recomendo escolher várias porções pequenas de comidas que você desconhece. Sonho até agora com a coxinha de rã com pimenta preta.

Fui a Cingapura convidado por um festival literário. Numa das mesas, opinei sobre a política do meu país e me lembrei de uma crônica em que trato o Rio como uma cidade construída sobre um cemitério de africanos escravizados, onde critico a prefeitura, o governo do estado e a Polícia Militar. Tentei ser irônico e disse que, se minhas opiniões me fizessem perder meu trabalho na TV ou no jornal lá no Brasil, poderia buscar emprego num diário local e escrever o que quisesse por aqui.

Ninguém riu da piada.

O OLHAR DA DANÇARINA

(Sevilha / Junho, 2008)

OS OLHOS MORENOS DA DANÇARINA ENCARAM um ponto fixo acima das nossas cabeças. A audiência, aturdida pelos movimentos sinuosos da mulher, senta-se na ponta das cadeiras e estica o pescoço — como se suplicasse caninamente por um olhar, pedindo em silêncio para que ela baixe os olhos e nos enxergue por um instante.

Mas o olhar da dançarina não vem.

Abaixo das órbitas incendiárias daqueles olhos, alguém poderia dizer que sua saia é uma onda brava do mar de Alborán. Que seus pés são armas de repetição. Que suas mãos são plumas brancas soltas no ar. Que seus dedos de pianista são cápsulas de orquídeas desconhecidas pela biologia moderna... Pouco disso importa quando uma súbita explosão interrompe os passos suaves da bailarina e, com eles, qualquer metáfora.

É que, num movimento ágil, ela pula sobre si mesma, batendo os dois pés no piso de madeira. O choque sobe pelas pernas da dançarina, há um estremecimento doce em cada ponto desse corpo. Num movimento ágil, ela gira o tronco com violência e bate as palmas das mãos. O choque vibra pelos braços da dançarina até chegar aos seus ombros, que se contraem com breve ternura.

O terremoto provocado pela dançarina sobre o tablado, como era de esperar, faz com que Sevilha inteira pare. Nos jardins do Real Alcázar, os pombos gordos interrompem seu voo, ficam suspensos como balões de gás amarrados ao chão. Nas paredes das bodegas da Macarena, Jesus Cristo e os touros deixam de sangrar, finalmente. Nos infinitos balcões, o caminho das tapas e copas da mão à boca é adiado. Nas rampas da Giralda, as multidões de turistas italianos e ingleses congelam seu íngreme caminho até o campanário. E os sinos das igrejas, que aqui tocam de quinze em quinze minutos, silenciam. E silenciam, na beira do rio Guadalquivir, as antes estrepitosas *penélopes-cruzes* esparramadas no chão em noite de *botellón y porritos* com amigas.

Depois de um segundo vertical, tudo volta a funcionar na Andaluzia, e ninguém se dará conta da pausa provocada pela dançarina de flamenco, à meia-luz, na capela desativada de um mosteiro sem monjas. Só nós ao percebermos que, sim, foi para cá que a dançarina finalmente olhou quando tudo veio abaixo.

A presença de oito séculos do islã por aqui não se nota apenas pelo nariz adunco da dançarina e pelo ritmo do seu rebolado. A catedral de Sevilha, maior igreja gótica do mundo, onde está enterrado Cristóvão Colombo, tem como campanário a Giralda, um minarete do século XII — o templo católico foi construído no lugar de uma antiga mesquita, e parte dela foi adaptada depois da reconquista. A influência dos mouros é percebida na arquitetura e na música, mas é no céu que se faz mais importante. Em Sevilha, ou, como a chamavam os muçulmanos, *Ishbiliya*, todas as luas são crescentes, todas as estrelas têm oito pontas.

É um anoitecer demorado. Primeiro são os postes da ponte de Triana, que se acendem e pintam faixas trêmulas e douradas nas águas do rio Guadalquivir. Depois, pequenos morcegos, e logo o frio, a luz distante dos carros, o desembarque dos turistas dos barquinhos, os cachorros feios puxando suas donas pela coleira. E alguém à espera, na beira do rio. À espera de que os minutos se transformem em frases, e as horas em parágrafos — para que não precise mais escrevê-los.

MUROS EM NOVA YORK

(Nova York / Fevereiro, 2014)

Sábado atípico de sol e calor em Nova York para um fevereiro. Começo no Chelsea. Há uma exposição na Pace Gallery com uma série completa de esculturas de Sol LeWitt. As estruturas geométricas em progressão horizontal, séries de cubos abertos no chão, reage ao nosso caminhar com um efeito de *moiré*. Viram obras cinéticas. Não sei se é porque a composição minimalista lembra o esqueleto de edifícios tombados, mas há algo que nos impulsiona para o alto, alterando nossa percepção da dimensão da sala e de nós mesmos.

A algumas quadras dali, na Gagosian, outras esculturas abstratas produzem efeito contrário. Antes a delicadeza fria de LeWitt, aqui o frio brutal e opressivo. As lápides e muralhas de metal fundido de Richard Serra pesam toneladas nos ombros assim que entramos na sala. Caminhar aqui é para baixo, com um nó no peito. Os monolitos de Serra expõem a fragilidade da nossa casca. Somos um amontoado de carne, sangue e vísceras tentando nos equilibrar num mundo de números perfeitos. Há um cálculo desumano que nos exclui.

Muitas vezes ajudamos a alimentar o monstro. Da mesma forma que escrever repetidamente sobre uma página já escrita vai gerar uma mancha ininteligível no papel, o acúmulo de informação sobre informação transforma nossa mente viciada no próximo estímulo num ponto negro. A nuvem onipresente de dados da internet, nossa consciência coletiva, pode estar nos oferecendo um novo tipo de catarata: vemos tanto que estamos perdendo o olhar. Essa acumulação expansiva ganha uma manifestação concreta na obra de Simon Evans exposta na James Cohan Gallery. Ele cria grandes panoramas com a colagem de notas, bilhetes, rabiscos, flyers, lixo. A topografia mental que ele sugere com essa superexposição de fragmentos não poderia ser mais toxicamente contemporânea.

Se o sentimento de ameaça nas esculturas de Serra pode ser lido como um suvenir do velho império industrial e de suas máquinas de produção e extermínio em massa, o pavor construído por Evans faz referência a novas formas de opressão. Saio querendo atirar o meu iPhone no lixo.

Mais tarde, entro na Venus Over Manhattan, galeria no prédio da Gagosian na Madison Avenue. Encravado num terceiro andar no meio do Upper East Side, o espaço exibe *Ishtar*, um trabalho de Charles Harlan, artista da Geórgia de 30 anos. A obra consiste em dois elementos. O primeiro é um portão de correr, desses de garagem. O portão está diante de um muro alto, também de folhas de metal, que acompanha o perímetro de toda a sala. O portão está fechado. Ao dar a volta na galeria, transformada numa sequência de corredores estreitos, percebemos que o muro de metal não tem nenhuma abertura, seu interior um mistério inacessível.

Desisto e vou tomar um *dry martini* no outro lado da rua, no bar do hotel Carlyle, o Bemelmans Bar. O garçom velhinho, que serve o drinque com um refil naquela pequena garrafa sobre um pires de gelo, é o mesmo que nos serviu da última vez. Os desenhos *art déco* das paredes douradas me fazem lembrar você falando baixinho no meu ouvido.

Se o mito babilônico sobre "A descida de Ishtar ao submundo" mostra a deusa atravessando o umbral, outra narrativa subterrânea, o canto quinto do *Inferno* de Dante, fala sobre o tormento doloroso da lembrança de tempos felizes na desgraça. Somos o melhor carcereiro de nós mesmos.

O CORREDOR POLONÊS DO PARI

(São Paulo / Junho, 2015)

Ir à feira na praça Kantuta aos domingos não é apenas visitar a Bolívia. É estar num mercado no subúrbio de Oruro, no altiplano boliviano. A menos de um quilômetro do estádio do Canindé, é como se tivéssemos subido milhares de metros de altura — e também voltado algumas décadas no tempo.

Talvez sejam os penteados extravagantes que dão forma aos cabelos muito pretos e lisos dos bolivianos, alguns esculpidos ali mesmo, em barbearias com extensos menus de penteados à mostra. Ou a moda discreta das moças, as mesas de pebolim, os cartazes antigos, a música folclórica embalando o movimento ao redor da praça de cidade pequena — casais de mãos dadas, crianças aloprando soltas.

Pouco ali faz lembrar o intenso movimento durante os dias úteis no bairro, um dos maiores polos da indústria de confecções do país. Quando a tarde cai e começamos a devorar *chicharrones*, *anticuchos* e *salteñas* bebendo uma inca-cola peruana amarelo-radiação, a vida no Pari parece boa e justa, os 200 mil bolivianos que moram na cidade, bem adaptados e unidos, novos cidadãos deste ímã capitalista do hemisfério sul, capital econômica da América Latina, importadora de mão de obra e exportadora de grana: São Paulo, terra dos bravos e das oportunidades.

Anoitece e saímos mui bem saciados a tempo de testemunhar a cantilena de uma senhora que empunha um microfone à frente de uma banda de música. São evangélicos de gravata. A mulher chora, dá seu testemunho de superação, marido alcoólatra, o longo caminho dos imigrantes, a graça pelo nome de Jesus etc. Somos poucos os que a escutam, as barracas a uma hora destas já servem suas últimas chichas, algumas apagam a luz.

A feira termina com cones de plástico que separam suas vias organizadas de uma multidão de bolivianos que ocupa a rua escura. À medida que saímos, a voz canastrona da religiosa dá lugar ao balbucio discreto de homens e mulheres que nos cercam num corredor polonês. A compostura da humildade, na contenção de gestos e palavras, deixa-se acrescentar por um discreto oferecimento: cartões com nomes e telefones e peças de roupa como amostras de trabalho.

É o que procuram. Algumas rodinhas de negociação se formam, talvez em torno de coiotes ou gerentes de oficina. Logo se dissipam e se reorganizam. A maioria, no entanto, nem sequer chega a isso. Fica de pé, oferecendo sua mão de obra ao vazio ou aos companheiros de infortúnio, do outro lado do corredor de gente. É uma desproporção trágica entre oferta e demanda. Não há brasileiros por aqui.

A experiência boliviana no eldorado paulistano pode incluir passeios e danças em tardes como esta, noites tristes de domingo sem emprego — e também trabalho em regime análogo à escravidão com retenção de passaporte, turnos de dezoito horas sem intervalo, pagamento por peça ganhando menos de um salário mínimo por mês, aluguel de imóveis negado por nacionalidade, crianças pagando proteção nas escolas, adultos pagando proteção em favelas — racismo, hostilidade, violência e exploração.

Anoitece no Pari. As ruas rudes e obscuras da cidade ultrapassam o rio Tamanduateí e elevam-se pela Bela Vista até o planalto iluminado da avenida Paulista, onde manequins vestem peças de roupas cerzidas em oficinas invisíveis.

O PURGATÓRIO DA BENTO FREITAS

(São Paulo / Junho, 2015)

AMANHECE O DOMINGO CINZA. UM HOMEM está deitado no meio da via, na altura da rua General Jardim. Um grupo de travestis caminha até ele, tenta salvá-lo do iminente atropelamento. O sujeito levanta o pescoço e vê o cilindro branco do antigo hotel Hilton no topo da rua. Não. O que ele vê é um foguete da Nasa, um churro gigantesco, um canhão apontado para o céu. E grita com o dedo em riste: "Foguete, churros, canhão!"

As meninas o arrastam com dificuldade até a marquise do prédio modernista do IAB (Instituto de Arquitetos do Brasil), na esquina onde fazem ponto. Andares acima, durante o dia, trabalha silenciosamente o arquiteto Paulo Mendes da Rocha, detentor de um Prêmio Pritzker, na realidade paralela de seu escritório sem computadores. Agora, na mesma calçada, há um forte cheiro de mijo e movimentos de obstinada agitação entre o hotel Kim, uma boate sem fachada, um galpão de sucata, um bar azul-escuro e o hotel Tenda. Do outro lado da rua, o Três Corações, um boteco, algumas portas e janelas fechadas.

O batidão que sai dos inferninhos é indiferente ao amanhecer. Na porta de cada um, rodas de gente acordada demais.

Falam aos berros, beliscam-se como caranguejos, compram cerveja dos ambulantes, barganham a última linha, tentam arrumar companhia para entrar num daqueles hotéis — voltar para casa não é uma hipótese. Ainda que a uma hora dessas já sejamos todos semiprofissionais, a maioria irá falhar.

Ao redor desses grupos orbitam homens cansados, carregando sacolas pretas. Eles as alimentam com latas e garrafas que deixamos para trás. Aceitam também um cigarro quase guimba, que ajuda a fazer o tempo passar. Outros não bebem nem catam garrafa, não vendem, alugam e tampouco compram nada — estão ali para mosquear. A mistura de prontuários e tipos lembra o Baixo Augusta antes da gourmetização noturna que trouxe aqueles poleiros de concreto com nomes moderninhos e janelas minúsculas riscando o céu.

Na quadra acima da Bento Freitas, os estabelecimentos L'Amour (um puteiro) e 355 (dizem que se chama Shiva) têm sido alugados para festas cujo público carrega mais dinheiro, moda e pretensões de arte que o usual por ali. Os ambulantes e as simpáticas aviões da área têm ajustado os preços de acordo. O movimento ainda parece fora da mira de empreendedores noturnos profissionais — e é bom que assim continue, pois o purgatório resistirá à faca.

Poucas horas antes, num microcosmo berlinense por trás da fachada pintada de preto, uma compacta multidão de iniciados acompanhava os subgraves e os baixos vertiginosos de Paulo Tessuto, vulgo Carlos Capslock, às da madrugada eletrônica desta e de outras pistas. Entre idas e vindas ao rubro Baiuca's Bar, do outro lado da rua — onde alimentamos nossos subversivos instintos, a jukebox e tiramos fotos idiotas —, este é o melhor lugar para se estar. Não é verdade, mas é no que decidimos acreditar naquela noite, colados demais, os suores misturados sob a luz estroboscópica, mãos e tentáculos enredados à beira do precipício etc.

Mas uma hora isso tudo tem que acabar. Logo ultrapassamos o homem que vê coisas no cilindro branco do antigo hotel Hilton, ele já dorme aninhado a uma garrafa de plástico na calçada, e nos esforçamos para ganhar os poucos metros até a cama num cubículo suspenso perto dali.

— Queria que tudo explodisse e todos virassem bichos — você diz com o coração apertado na manhã fria.

Ia ser bonito de ver do alto do Copan, penso, mas não respondo.

UM ENCONTRO COM O CORONEL KURTZ

(Phnom Penh / Abril, 2012)

Subi o rio Mekong do sul do Vietnã até o Camboja numa viagem de quatro dias em barcos de pesca pelo delta, dormindo em pequenas cidades como Can Tho, Cai Rang e Chau Doc, até embarcar numa lancha para Phnom Penh.

Durante esses dias comprei abacaxis em mercados flutuantes, visitei casas cujo chão guardava criações de peixes, bairros inteiros de palafitas sobre terra ou água, cantei "Aquarela do Brasil" na cabine de um edifício-karaokê na sobreloja de um templo, mastiguei uma semente com tabaco que me deu a maior onda de anfetamina da minha vida e dormi em pensões ouvindo o sapatear dos ratos sob a cama.

Foram dezenas de horas em afluentes de água marrom cercados por palmeiras e mata verde, mas foi descendo no pequeno cais da capital do Camboja que senti meus pés vacilarem. Quando você fica dias viajando em barcos de diferentes tamanhos e finalmente atraca num porto, há uma espécie de enjoo retardado. Seus pés estão firmes no chão, mas a calçada vacila, os prédios parecem fora de prumo. A tontura chega em terra firme.

Quando fui trocar duzentos dólares na casa de câmbio, o funcionário me olhou assustado: "Tem certeza?" Saí com os bolsos entupidos por maços de notas velhas e sujas, 815.200 riéis cambojanos. O homem se despediu de mim com um olhar cauteloso. Quando comecei a ver os preços nas lojas e no mercado, entendi que teria dificuldade em gastar todo aquele dinheiro nos próximos dias.

Andei pelas ruas com algum incômodo. Não por medo de assalto numa cidade relativamente tranquila para padrões brasileiros — o Camboja teve 6,5 assassinatos por 100 mil pessoas em 2012 e o Brasil, 25,2 no mesmo ano —, mas por uma sensação mais sutil e desagradável: eu senti que estava autorizado a comprar qualquer coisa.

Talvez seja isso o que muitos turistas ocidentais procurem em Phnom Penh e outras cidades do sudeste asiático: esse calafrio de poder e corrupção. Não conhecer seus templos, palácios e monumentos de arquitetura Khmer, como o espetacular Angkor Wat, mais imponente do que qualquer ruína grega ou romana, tido como o maior templo já construído pelo homem, ou, melhor dizendo, por 300 mil homens no século XII — mas, principalmente, visitar os bares onde mulheres negociam seus corpos. Há quarteirões cheios deles nas áreas turísticas da cidade. A clientela costuma ser europeia e norte-americana, e as madrugadas vivem um feriado interminável.

Coração das trevas (no original, *Heart of Darkness*) é o romance de Joseph Conrad sobre a violência e a desumanização promovidas pelo imperialismo no ex-Congo Belga que foi revisitado por Francis Ford Coppola no épico surrealista *Apocalypse Now*, sobre a Guerra do Vietnã.

Nele, o coronel Kurtz de Marlon Brando é um militar alucinado que comanda tropas e escravizados na selva cambojana, onde é tratado como um semideus. *Heart of Darkness* também é o nome de uma boate (38 Street 51 Pasteur) com lanternas chinesas vermelhas e música ocidental.

Quando pedi um gim-tônica no balcão, numa pausa entre cinco dias de uma programação intensa madrugando para visitar templos em Angkor, um homem veio falar comigo em inglês:

— Aqui é mais devagar. Você tem que ir ao outro lado da rua.

— Para quê?

— As meninas...

Ele continuou e disse que estava aqui havia um mês. Tinha 50 anos, bronzeado e careca como Brando no filme. Não era um oficial condecorado do Exército, mas um sujeito que tinha feito dinheiro com startups de internet.

E não queria voltar para casa:

— Nos Estados Unidos, com vinte dólares eu compro um livro. Aqui, eu durmo com uma garota linda. Se eu dormir com uma diferente por dia, gasto seiscentos. É uma pechincha. E ainda tem toda a heroína que você quiser. É barata e pura. Eu tenho o contato. Você pode ser deus aqui, cara.

CRUZAMENTO EM HANÓI

(Hanói / Fevereiro, 2012)

Desembarquei em Hanói com febre — e assim esperei numa fila sem cadeiras por um par de horas. Faltava algum carimbo ou adesivo para o visto no aeroporto, e todos os turistas, inclusive e principalmente a adolescente com a bandeira dos Estados Unidos estampada na camiseta, tiveram que aguardar.

A expressão sob os estufados quepes verde-musgo dos militares desse estado comunista não convidava a nenhum tipo de argumentação. Se em 980 eles expulsaram os chineses depois de mil anos de domínio e no século XV tiveram que os expulsar novamente, no século XIII resistiram contra 500 mil homens do Kublai Khan e, como sabemos, no século XX venceram uma guerra contra o Japão, contra a França e outra contra os Estados Unidos. A autodeterminação do povo do Vietnã e a sua luta contra os maiores impérios da humanidade pelo direito à sua terra não tem precedentes. Não seria eu a tentar abrir um, reclamando sobre o atraso de um carimbo.

Chegar a uma cidade é, antes de tudo, aprender a vê-la. E Hanói, a maior urbe rural do mundo, onde senhoras com chapéus de palha limpam e cortam vegetais nas calçadas de grandes avenidas, não é uma cidade fácil de ver: é confusa, barulhenta, escura, e sua arquitetura é fragmentada entre pagodes chineses, prédios afrancesados, caixotes espelhados, sobrados semidestruídos e algumas construções em estilo soviético.

As ruas são estreitas e você tem a sensação de que será atropelado a qualquer momento por uma moto — o número oficial é 2 milhões de veículos para 7 milhões de habitantes, mas acredito que sejam mais. Todo mundo parece não só ter uma moto, mas também ser a própria moto, muitas vezes equilibrando sacolas amarradas na extremidade de bastões ou levando uma ou duas caronas. Numa cidade onde a maioria absoluta dos cruzamentos não tem sinais de trânsito, essa fusão entre homem e máquina somada a algum tipo de consciência coletiva deve ser o que evita maiores desastres.

Encarar um cruzamento monstruoso desses sem semáforos em Hanói pode te fazer, por alguns segundos, voltar a ter fé no coletivo. É importante porque, logo depois, você terá que enfrentar o cruzamento em Hanói: devagar, sem mudar o passo, olhando para a frente, oferecendo a sua vida em silêncio a cada um desses desconhecidos que zunem tirando fino uns dos outros.

Ou simplesmente copiando os passos de um vietnamita, postando-se ao lado dele como uma sombra.

No museu da guerra, vejo crianças brincando sobre os destroços de tanques e aviões norte-americanos, aqui exibidos como uma escultura monumental em tributo à vitória contra o império invasor. Na sala de vídeo, um grupo numeroso de idosos assistia a um vídeo sobre a resistência vietcongue. Não há legenda ou placa indicativa em nenhuma língua que não seja o vietnamita.

O mesmo acontece no mausoléu que exibe o corpo embalsamado de Ho Chi Minh, localizado na praça onde o revolucionário leu a declaração de independência do país em 1945. Muitos anos antes de tornar-se um herói anti-imperialista e primeiro presidente do Vietnã, Ho passou três meses no Rio de Janeiro, em 1912. Ele tinha 21 anos, trabalhou como ajudante de cozinha em um restaurante da Lapa e morou numa pensão em Santa Teresa. Na região do porto, conheceu outro cozinheiro marítimo, o líder sindical negro José Leandro da Silva. Anos depois, Ho escreveria um artigo prestando solidariedade ao amigo pernambucano, que sobreviveu a uma emboscada de dez policiais. Com onze balas ainda no corpo, Ho Chi Minh escreve, José Leandro cantou a Internacional Comunista na ambulância.

A LATA DE SHINJUKU

(Tóquio / Maio, 2007)

A ESTAÇÃO DE SHINJUKU É UM novelo de doze linhas de trem e 51 plataformas que mastiga diariamente mais de 3 milhões de seres humanos. Sou um deles, perdido no quilométrico complexo de passarelas subterrâneas e galerias comerciais, uma pequena cidade debaixo da terra. Procuro um restaurante próximo à estação, mas, ao ver a luz do dia, percebo que peguei a saída errada — são duzentas.

Decido buscar um cibercafé para imprimir um mapa. Aqui as ruas não têm nome. Nunca existe um endereço como rua tal, número x. É sempre algo como "2-7-2 Nishi-Shinjuku". Os nomes são o do distrito e o do bairro, e os números da frente representam respectivamente a sub-região do bairro (*chome*), o quarteirão dentro do *chome* e, finalmente, o número do prédio — que não é dado por ordem geográfica, e sim por antiguidade. De qualquer forma, nenhum taxista ou transeunte irá saber aonde você quer ir apenas pelo endereço, ao menos que você tenha o mapa, referências e algum senso de orientação — ou um smartphone com Google Maps, algo que ainda não é popular em 2007, nem mesmo no Japão.

Sigo uma placa num prédio — INTERNET em maiúsculas

— e pego um elevador. No fim de um corredor longo, uma porta automática abre-se para uma espécie de locadora de DVDs. No balcão, o atendente me saúda. Eu digo:
— Internet?
Ele me mostra uma máquina onde escolho o tempo que quero usar. O tempo mínimo é três horas. Posso também comprar cartões de seis, oito e doze horas. Há um outro de 24 horas. Quem fica um dia inteiro na internet?
Compro o cartão mais barato e o homem me pergunta:
— Cama ou sofá?
Peço sofá. O homem com esforço se faz entender e me diz que tenho que escolher até seis fitas. É quando reparo que são todas pornográficas. Apressado, pego duas e levo ao balcão, onde percebo que as capas têm mulheres vestidas como colegiais fazendo careta. O homem bota as fitas numa cesta de plástico e adiciona: um fone de ouvido sem fio, uma camisinha, um lubrificante, uma lata lacrada, uma chave com um número.
Agora estou num corredor com várias portas, e abro a 307. É o meu número. Na pequena saleta com divisórias escuras, há um grande monitor de tela plana ligado a um computador e a um aparelho de DVD. Sento no sofá e brigo com o controle remoto da aparelhagem para ligar o computador. Consigo depois de alguns minutos, faço o meu Google, vejo e-mails etc. Aproveito a viagem para descobrir que aqui no Japão todos os filmes pornô têm um efeito de mosaico nas partes pudendas — depois descubro que é contra a lei mostrar explicitamente esses pedaços do corpo em vídeo ou foto.
No dia seguinte, lerei no jornal que o governo japonês está preocupado com jovens que, por não ter dinheiro para alugar um apartamento, chegam a passar seis noites por semana em

lugares como esse. O pernoite é muito mais barato que o de um hotel, e em alguns há chuveiros e vestiários para os usuários. Por isso, milhares de *salarymen* passam a noite dentro dessas cabines claustrofóbicas — e também, imagino, pela oferta de latas como a que decido abrir.

Se desde o início era fácil entender o propósito da camisinha e do lubrificante, a lata lacrada, sobre a cestinha junto às fitas, sempre foi puro enigma. Resolvo encarar o temor e abri-la. Dentro de si, ela guarda uma espécie de espuma gelatinosa rosada com uma fenda apertada no meio. Com certo remorso, decido encarar a promessa de suas entranhas cor-de-rosa.

Pouco depois, enquanto consultava o mapa no caminho para o restaurante, passou por mim uma jovem *otaku* levando um cachorro beagle para passear. Nada fora do comum — não fosse sua coleira um arame esticado, o cão um animal de pelúcia com rodas sob as patas.

MERCADO DE PEIXE

(Seul / Agosto, 2016)

O MERCADO DE PEIXE DE NORYANGJIN é conhecido como o maior da Coreia do Sul e, para padrões de Seul, é uma construção antiga: um galpão de 1971. Em seus 60 mil metros quadrados de corredores de concreto molhado sob luminárias amareladas, há aquários com peixes e crustáceos, moluscos, lesmas marinhas, ovas e arraias. Muitos vivos — e alguns servidos assim, como o filhote de polvo que desce movendo-se pela sua garganta. O preço é escrito à mão nos cartazes e vai mudando ao longo do dia.

Como poucos estão mortos (uma das atrações do mercado é justamente ver o vendedor cortar a cabeça do bicho ainda vivo antes de enfiá-lo em convulsão num saco plástico), Noryangjin é um mercado de peixes quase sem cheiro de peixe, apesar de barulhento e caótico como se espera. A graça para turistas coreanos e estrangeiros é, depois da barganha, levar as compras ao segundo andar — onde, como no mercado de Niterói, cozinheiros preparam o que você escolheu.

Mas, ao subir a escada na lateral da construção, encontro todos os restaurantes fechados como se abandonados às pressas, alguns com as mesas ainda postas, seus vidros pichados com mensagens em coreano que minha amiga traduz como "fechado pelo governo". E, nas paredes: "lutamos juntos."

Não demoramos a descobrir que, em março deste ano, os donos dos restaurantes e das bancas foram intimados pela Suhyup (Federação Nacional das Cooperativas de Pesca) a esvaziar o mercado e ocupar o prédio erguido ao lado, uma construção espelhada de meio bilhão de dólares que parece um aeroporto. Eles tiveram o fornecimento de luz e água cortados abruptamente e não houve negociação.

Fora dali, uma alegre baleia num cartaz nos indica o *novo* mercado de peixe para onde, apesar dos aluguéis mais caros e do espaço menor, não só os donos dos restaurantes, mas todos os comerciantes estão sendo coagidos a mudar-se. Porque é mais limpo, seguro e eficiente.

Entramos num shopping center de oito andares sem janelas com escadas rolantes, telões de LED anunciando ofertas e ar-condicionado. Mais um desses pesadelos sob luz fluorescente. A iluminação desses corredores de hospital é branca, assim como as paredes e os aventais dos poucos e melancólicos vendedores que aceitaram mudar-se para ali. Seus restaurantes ficam num corredor anódino depois de uma viagem de elevador. São todos genericamente iguais.

Higiene, segurança e eficiência: três belas desculpas usadas pelo capital para atropelar tradições e tentar desprover de qualquer caráter o melhor que as cidades do mundo têm para oferecer. Os velhos vendedores do velho mercado resistem, protestando a cada semana. Um deles nos promete, e não temos motivos para duvidar:

— Só saio daqui morto.

VAMOS SUPOR, APENAS SUPOR, QUE EU TENHA SIDO PRESO

(Breslávia / Agosto, 2016)

VAMOS SUPOR, APENAS SUPOR, QUE EU tenha sido preso depois de uma confusão noturna numa pequena cidade polonesa. Eu teria ficado incomunicável numa cela de custódia sem janelas, quente como uma sauna, junto a outros bêbados e criminosos.

Também podemos supor que não tenham me deixado telefonar para ninguém, o que teria me deixado sem saber quando seria liberado. Felizmente, teriam sido apenas doze horas. Isso teria acontecido enquanto eu estivesse na Polônia justamente para exibir um filme muito influenciado pelas narrativas de confinamento presentes no cinema polonês, por exemplo Roman Polanski (espaço) ou Krzysztof Kieślowski (destino).

Como os acontecimentos são justamente o que fazemos deles, eu teria aproveitado esse tempo tentando escrever um ensaio mental que expusesse a ironia de estar preso justamente nessa cicatriz da Europa. E teria lembrado do prefácio de uma reedição de *Me segura que eu vou dar um troço* (1972), em que o Antonio Cícero recorda uma declaração do Waly Salomão sobre seu encarceramento: "Eu transformava aquele episódio, teatralizava logo aquele episódio, imediatamente, na própria cela, antes de sair. Eu botava como personagens e me incluía, como Marujeiro da Lua. Eu botava como personagens essas diferentes pessoas e suas diferentes posições no teatro: tinha uma Agente Loira Babalorixá de Umbanda, tinha um Investigador Humanista e o Investigador Duro. O que quer dizer tudo isso? Você transforma o horror, você tem que transformar. E isso é vontade de quê? De expressão, de que é isso? Não é a de se mostrar como vítima."

A teatralização da vida e dos seus dramas, hoje concentrada nos aparelhos eletrônicos em que parte dos leitores lerá este texto, não é de hoje — e muito menos dos anos 1970, que o diga o engenhoso fidalgo mais famoso de todos. O tema pode ser iluminado por diferentes ângulos, mas o que me interessa na citação é para onde o Cícero a leva. Ele escreve: "A vítima é o objeto nas mãos do outro. Todos nós já fomos vítimas de diferentes coisas, em diferentes momentos; porém é preciso ativamente rejeitar esses momentos, relegando-os, ainda que recentíssimos, ao passado — ainda que recentíssimo. Quem aceita a condição de vítima no presente, quem diz 'sou vítima' está, *ipso facto*, a tomar como consumada a condição de não ser livre. É contra essa atitude de implícita renúncia à liberdade que Waly teatraliza sua situação."

A teatralização defendida por Cícero e por Waly não deve ser interpretada como simples defesa do delírio dentro de um esquema binário entre realidade e imaginação. A proposta não é escapista, muito pelo contrário: trata-se de estar profundamente acordado. "Não se trata de opor o teatro ao não teatro. O que ele julga é, antes, que tudo é teatro."

O esforço para não quebrar mentalmente seria grande. Estar preso, e sem saber até quando, é absurda prova de resistência não contra as paredes da cela, mas contra si mesmo. Mesmo aqui, bem longe das circunstâncias muito mais dramáticas que levaram Waly e ativistas políticos à prisão durante a ditadura no Brasil — e tantos à tortura e à morte. Sem telefone ou alguém que falasse uma língua em comum, a solidão extraordinária da cela de custódia em país estrangeiro abriria uns caminhos estranhos para planos futuros ("se um dia sair daqui, finalmente serei uma pessoa melhor" etc.) e certa consciência de outras prisões, mais dissolvidas no horror do cotidiano — e eu aqui não quero citar teóricos franceses, mas apenas dizer que é impossível fugir de uma prisão criando outra.

No entanto, é o que fazemos o tempo inteiro. Civilizações, países, partidos políticos, famílias, identidades — tijolos, blocos de concreto, cartas ou bandeiras que carregamos nas costas até o alto da montanha, não para deixá-las cair como Sísifo, mas até que nos transformemos nelas.

Profundamente acordado na cela, o esforço maior do cara deitado numa maca de concreto seria justamente não acreditar, não respeitar, não reconhecer nada disso. Pois a potência desse teatro, máquina que rejeita autocomiseração, está numa certa posse e recriação constante de si mesmo. No limite, o único poder que temos é sobre nossa própria consciência. É ela — não as prisões que habitamos, corpos ou celas — que faz de nós quem somos. Os personagens de nós mesmos que somos.

WELTFREMD

(Berlim / Dezembro, 2019)

MINHA PALAVRA PREFERIDA EM ALEMÃO: "WELTFREMD". Pode significar "estrangeiro no mundo", "fora de contato com a realidade" ou até "idealista", num sentido quixotesco. O sujeito fora de lugar pode ser um Parsifal, criado numa floresta isolada, ou o habitante de uma cidade que deixa de reconhecer suas ruas. E assim descobre esse novo outro mundo estranho, genérico — e agora real.

Estamos no quadro, poderíamos estar fora dele. E até isso vira commodity. Sempre em fuga, interpretamos nossas cenas em não lugares (cafés orgânicos, clubes noturnos, saguões de aeroportos — iguais em Berlim ou São Paulo) onde a marca humana desaparece num éter vulgar, projetos de AutoCad em tamanho real. Uma armação de óculos, a bainha no ponto certo da canela, *hairstyle undercut*: tais desterrados personagens sempre parecerão pertencer a nenhum lugar — ou precisamente ao lugar nenhum onde são fotografados.

Mas há sempre algo que resiste. O que procuro em tardes andando sem destino, como um *Ironman* numa competição solitária de angústia, tentando me perder (cada vez com menor sucesso), desafiando a fome em longos intervalos para sentar em bancos de praça e olhar o céu, as bicicletas, os pedestres — sem que ninguém nunca devolva um olhar. Há algo nesse tipo de solidão olímpica na cidade estrangeira que deve, aos poucos, corroer (ou encher de cimento) as entranhas de alguém.

E, ao anoitecer, comprar uma cerveja num *Späti*, e navegar meio bêbado e sozinho pelas ruas de Berlim. Nenhuma capital europeia é tão escura — os postes esparsos iluminam a copa das árvores em tom sépia, refletem nas pedras escuras da calçada um dourado fosco, mortificado. É como se a cidade inteira estivesse iluminada por abajures velhos e muito distantes uns dos outros.

Ainda assim, busco mais sombra. Escolho o caminho longo até meu endereço, caminho pela beira do Maybachufer, de onde vejo as águas do canal rolando plúmbeas e silenciosas sob os ciprestes, ou pelos gramados ermos da Mariannenplatz e do Görlitzer Park. Ou, ainda, em deambulações excêntricas pelos desertos Volkspark Rehberge e Hasenheide, parques onde Berlim se transforma muito rapidamente numa civilização remota, um sopro de luz distante no céu. É fácil se teletransportar para o meio do nada dessa cidade algo rural.

Às vezes, no meio do largo descampado, no breu absoluto, eu fecho os olhos enquanto caminho sobre a grama. E sigo assim, como um cego, mergulhando no escuro, passo a passo, por alguns segundos ou minutos (depois de um tempo vira um jogo) até encontrar algum limite: desequilíbrio, falta de ar, pavor — ou a imagem cristalina do que deixei para trás, do outro lado do oceano.

SOLIDÃO NO PAÍS BASCO

(Bilbao / Fevereiro, 2016)

SITIADA POR MONTANHAS E RISCADA PELA artéria pastosa e castanha do rio Nervión, Bilbao teve fama de suja e cinzenta até que célebres reformas urbanas lhe oferecessem outras cores — e um fluxo permanente de turistas. Os principais ícones dessa transformação, ocorrida a partir dos anos 1990, são um museu Guggenheim assinado por Frank Gehry, o metrô com arquitetura de Norman Foster e, em obras mais recentes, a Torre Iberdrola de César Pelli e o centro cultural Azkuna Zentroa, um centenário armazém de vinhos remodelado por Philippe Starck.

No topo da construção há uma piscina, e do átrio sinistro e escuro, como é gosto do francês, podemos ver os pés das senhoras fazendo hidroginástica através de placas de vidro no teto. De baixo, parecem sapos deslizando num aquário.

É evidente que não poderia faltar uma ponte estaiada do Calatrava, e lá está a Zubizuri. Numa cidade onde chove o ano inteiro, o arquiteto tão caro ao balneário de São Sebastião projetou um deslizante piso de azulejos de vidro numa via de pedestres — a rampa precisou de um tapete improvisado para que os transeuntes parassem de quebrar ossos.

Por sorte, Bilbao continua uma cidade bastante estranha e, em certos bairros, francamente desagradável. Chegar de trem ou ônibus revela um agregado penoso de fábricas, depósitos e conjuntos habitacionais. As novas construções com pedigree não a fizeram perder seu misticismo nacionalista e um ancestral caráter fechado — certa austeridade pastoril traduzida ao longo dos séculos em extração de ferro e indústria pesada. O áspero som do *euskera*, que não pertence ao tronco linguístico indo-europeu e faz o húngaro parecer simpático, combina perfeitamente com uma cultura cujo esporte mais tradicional é o *harrijasotzaile*, o levantamento de pedras.

O clichê confirma-se: é uma solidão extraordinária a do forasteiro no País Basco. Ultraortodoxos moradores de Mea Shearim, em Jerusalém, ou velhinhas centenárias de Asakusa, em Tóquio, podem ser criaturas mais receptivas. Até um ponto de ônibus em Curitiba é mais hospitaleiro.

Como em Pamplona, não é incomum que bares tenham portas fechadas ou vidros fumê. Caso você se aventure ao desconhecido e seja um rapaz, espere que os amigos da única mulher presente no estabelecimento lhe empurrem com o ombro e façam barreirinhas entre vocês dois, mesmo sem que você tenha demonstrado qualquer interesse pela donzela.

Não por acaso, o acesso de jogadores estrangeiros também é vetado no Athletic de Bilbao. O clube apenas contrata atletas nascidos no País Basco, caso único no futebol europeu. Mesmo assim, junto ao Barça e ao Real Madrid, o Athletic faz parte do trio que jamais caiu de divisão no campeonato nacional, tendo vencido La Liga oito vezes — a cidade está cheia de bandeiras do time e do Euskadi, como os bascos chamam seu território.

Numa noite gélida e chuvosa, cruzo a ponte entre o Casco

Viejo e San Francisco, um bairro de imigrantes que lembra uma versão desidratada e íngreme de Lavapiés, em Madri. Procuro um bar aberto num domingo, as meias molhadas de chuva. Subo, desço ladeiras, desisto algumas vezes — até que uma porta se abre. Em certas madrugadas, a solidão de procurar um bar aberto no País Basco só não deve ser maior do que a de encontrá-lo.

A SALA DE RICHARD SERRA EM BILBAO

(Bilbao / Fevereiro, 2016)

Em Bilbao, seres humanos arrancam minério de ferro das montanhas que nos cercam desde séculos antes de Cristo. E ainda hoje: são 5 milhões de toneladas extraídas na região a cada ano.

Entrar na exibição *A matéria do tempo* no museu Guggenheim da cidade é sentir-se diante de tal peso. Ali estão dispostos oito trabalhos do escultor norte-americano Richard Serra feitos especificamente para a maior e mais importante sala deste museu, com 130 metros de comprimento e 24 de largura. Com alturas que chegam a quatro metros e extensões que chegam a trinta, as esculturas de ferro oferecem a experiência imersiva que esperamos dos monstros tubulares de Serra: não apenas contemplá-los, mas mergulhar neles e sofrer as consequências.

Ao caminhar pelas passagens entre as monumentais torções elípticas e espirais em placas de metal é comum perder o senso de equilíbrio e direção. Os círculos e corredores que pesam toneladas e parecem flutuar em ângulos impossíveis sugerem forças que nos puxam ao solo e, noutros momentos, nos elevam. Não são labirintos, uma vez que só podem ser cruzados numa direção. Acabam sendo bem mais desorientadores que um.

A geometria abstrata de Serra projeta eixos diferentes no solo e no topo das estruturas, criando um espaço retorcido ao nosso redor. Esse caminho pode provocar claustrofobia, ascese, inquietação, urgência, vertigem. O efeito psicológico dessa reorganização brutal do espaço é evidente: ao final estamos profundamente acordados. É quando as engrenagens dos nossos relógios costumam parar.

Se, quando jovem, eu tinha febre lendo certos romances de Dostoiévski, hoje em dia, atravessar essas placas de metal me provoca reais crises de pânico. E depois perguntas, talvez um novo ponto de vista. Na experiência que Serra propõe, essas reflexões são acompanhadas — ou estimuladas — por sensações extremamente físicas. Não se trata de uma experiência contemplativa: somos atores a navegar no espaço radical criado por ele. Através de ângulos rabiscados numa folha de papel, e depois transformados em toneladas de ferro numa fábrica na Alemanha, o artista manipula nossas emoções como um dramaturgo que usa uma calculadora e três eixos num gráfico. As esculturas imersivas de Serra têm algo de teatral, algumas dessas inclinações angulosas são puro melodrama.

Depois de duas ou três horas ali dentro, deliro que talvez o edifício dispensável de Frank Gehry, a revitalização de Bilbao nos anos 1990 e todo o País Basco, a Península Ibérica e mesmo a Europa (lembro-me agora da migração do pai do artista de Mallorca para a Califórnia) tenham existido apenas para chegar a esse museu dentro do museu. Exageros estupefacientes à parte, a sala de Richard Serra em Bilbao, *A matéria do tempo*, deve ser mesmo o corpo de esculturas em exibição mais importante da arte contemporânea. E tão cedo não deixará de ser.

MORAR NA ELIPSE DE BORROMINI EM ROMA

(Roma / Fevereiro, 2016)

Poucos dias depois da desorientação dos sentidos numa sala com as esculturas de Richard Serra em Bilbao, pude gastar algumas horas vagando pela pequena igreja de San Carlo alle Quattro Fontane, em Roma. A relação entre os dois espaços está no *trompe-l'oeil* geométrico e sobrenatural — e na inspiração que o artista norte-americano encontrou na igreja projetada por Francesco Borromini em 1634.

Sobre ela, fundamental para a criação de suas primeiras e revolucionárias "Torqued Elipses" nos anos 1990, Serra declarou: "Eu estava num corredor lateral, olhando para o espaço oval no chão e para a mesma forma na cúpula, chamada de elipse de Borromini. Pensei que eles estavam com os ângulos alinhados. Quando caminhei para o centro da nave da igreja, percebi que estava errado. Mas fiquei pensando: como eu poderia criar — ou mesmo provocar — esse erro de interpretação?"

Ele acabou conseguindo fazer isso ao erguer monumentais placas de ferro inspiradas nesse volume cilíndrico e entortando-as em elevação, variando os ângulos com os quais as elipses estão dispostas, girando a forma sobre si mesma. O que Serra chamou de erro de interpretação, certo desalinho dos sentidos que experimentou ao caminhar pela igreja de Borromini, mudou sua obra — e, para muitos, a história da escultura.

Aqui, a síntese pós-industrial de Serra parece uma grosseria gringa. Ao longo da nave da igreja de San Carlo, Borromini dispôs uma sequência de paredes e arcos côncavos e convexos que dilatam o espaço até o teto ocupado pela cúpula elíptica e longitudinal, branca como o restante do interior, e adornada por um intrincado padrão de cruzes, octógonos e hexágonos. O lugar parece muito maior do que realmente é e pulsa como um órgão robótico — os mistérios dessa máquina se originam em ângulos riscados pelo espírito criador do homem, longe da natureza. A luz que inunda o ambiente vem do topo de tudo: uma abertura no centro da elipse, onde há um Espírito Santo dourado.

Ao repetir os passos de Serra na igreja da Via del Quirinale senti que estava caminhando para cima. E para baixo. Ao mesmo tempo. Mais do que isso: a cada passo, a igreja muda de forma, como um fantástico caleidoscópio arquitetônico. O barroco de Borromini tem efeito teatral semelhante ao que a gramática escultórica de Serra provoca em consumidores de arte contemporânea mais de três séculos depois. No entanto, há uma diferença fundamental: enquanto a ambiguidade desse espaço-escultura em Serra é psicológica, obscura e mesmo opressiva, aqui a imersão sugere ascese e paz.

Elevação, apenas, e nada de culpa, flagelos ou dogmas — o oposto do que se encontra nas obras do seu grande e bem-sucedido rival Bernini. O humanismo de Borromini em suas elipses expressivas faz com que essa igreja me provoque a mesma reação que tenho em templos budistas na Ásia: não querer ir embora, não conseguir parar de olhar para o alto. Morar naquela elipse.

O ESTÚDIO CINCO DE FELLINI NA CINECITTÀ

(Roma / Março, 2016)

Quando vim a Roma pela primeira vez, antes de fazer turismo no Coliseu ou no Panteão, me enfiei na linha A do metrô e fui até quase o final, a estação Cinecittà. Eu queria entrar no Estúdio Cinco, onde Fellini trabalhou por cerca de quarenta anos e rodou filmes como *8½* e *La Dolce Vita*.

Depois de meia hora de viagem, subi as escadas da estação suburbana até encontrar a fachada daqueles que ainda são os maiores estúdios de cinema da Europa. A construção de arquitetura fascista inaugurada por Mussolini em 1937, que chegou a virar campo de refugiados durante a Segunda Guerra e depois foi reinventada por cineastas do mundo inteiro, era a minha Basílica de São Pedro. A peregrinação foi interrompida por um guarda antipático — os estúdios estavam fechados para visitação, sem previsão de abertura.

Eu não desistiria fácil de entrar em um filme de Fellini. Voltei pela mesma linha de metrô até a estação Barberini, rumo à Via Veneto. Caminhei por ali e gastei meus últimos tostões no Café de Paris e no Harry's Bar, mas aquilo tudo colonizado pelo turismo não tinha muita mística — e não parecia nem um pouco com a Via Veneto de *La Dolce Vita*, que, afinal, era uma construção orientada por Fellini dentro dos estúdios da Cinecittà. Algo parecido ocorreu quando vi a Fontana de Trevi pela primeira vez. Mesmo não tendo sido recriada em cenografia — o banho de Anita Ekberg e seu convite imortal, "Marcello, come here!", foi rodado numa madrugada de inverno em locação —, havia algo fora de lugar que fazia de tudo aquilo a esquálida reprodução de uma realidade distante.

Quando Sylvia vai até a fonte e a vemos de costas, a profundidade de campo das lentes que o fotógrafo Otello Martinelli usou em 1959 faz com que a Fontana pareça mais larga, e a caminhada de Mastroianni atrás dela, mais longa. Confrontar essa cena com a muvuca vulgar de turistas e vendedores de bugigangas comprimidos numa calçada estreita a fotografar aquele monumento desproporcional e cheio de excessos barrocos foi uma crueldade que não pude evitar. Depois daquilo, lembro de ter vagado ao longo do rio Tevere enquanto segurava o terno por trás do ombro com o dedo mínimo da mão direita e tocava um trompete imaginário com a esquerda. Um cachorro noturno correndo atrás do próprio rabo — sem encontrá-lo. Depois de chutar muitas pedrinhas, terminei a madrugada num bar grotesco em Testaccio, jogando verdade e consequência valendo Campari com duas jovens calipígias da Apúlia.

Isso foi há dez anos. Desde então voltei a Roma número suficiente de vezes para poder evitar pontos turísticos, mas só ontem consegui atravessar os portões da Cinecittà, finalmente abertos ao público. A exposição permanente, apesar de alguns figurinos originais e justo percurso histórico, é mixuruca. O que vale os vinte euros é a visita guiada que nos permite entrar nos estúdios.

Apesar da carga histórica do local que abrigou sets de Antonioni, Visconti e Pasolini, e da expertise lendária de seus cenógrafos e técnicos, os estúdios têm recebido poucas produções de cinema e TV a cada ano. Ainda estão lá os cenários do seriado *Roma* e partes do que Scorsese usou em *Gangues de Nova York*, um filme de 2002. Ao caminhar por praças medievais em reutilização entre escombros e rascunhos de fachadas, percebemos que a famosa piscina da Cinecittà, onde o transatlântico Rex de *Amarcord* um dia ancorou, fica quase ao lado de um conjunto habitacional separado do estúdio por uma rua.

Finalmente entro no Estúdio Cinco. Metade do reino de 2.800 metros quadrados abriga hoje um set promocional de um filme de Tarantino, cuja estreia italiana em 70 mm foi ao lado. Perto do que representa o lugar, as marquetagens do cineasta americano são irrelevantes, e tento esquecê-las.

Com o olhar preso no teto, as plataformas suspensas entre canhões de luz a 35 metros de altura, caminho pelo Estúdio Cinco do Fellini, o maior portal da história do cinema, o lugar e a metáfora, "onde tudo começa e tudo acaba num tempo infinito!" — e tropeço num refletor abandonado, quebro o vidro no chão de concreto, tiro meu casaco e o jogo com pressa sobre o acidente, enfim corro sobre os calcanhares num passo ridículo e me escondo por trás de um biombo, onde estou até agora.

A SÍNDROME DE ANTI-DOROTHY

(St. Martin / Março, 2015)

SEMPRE SOFRI DO QUE ALGUNS AMIGOS chamam de síndrome de anti-Dorothy — qualquer lugar é melhor que o meu lar. Costumo sentir falta não da minha casa, mas de tudo o que vou deixando para trás nas viagens. A essa saudade ao contrário da terra natal os alemães chamam de *Fernweh*. Até hoje, tal sentimento me empurrou para longas e exóticas temporadas no exterior, onde vivi muito além das minhas fronteiras físicas e emocionais, esgotando recursos e queimando pontes como um *bon vivant* camicase.

Grande parte dessas viagens foi patrocinada por encontros literários, publicações ou trabalhos no estrangeiro, e sempre as prolonguei seguindo critérios imprudentes e aleatórios. Assim, estou acostumado a encontrar um motorista de quepe me esperando no aeroporto para me levar a um hotel cinco estrelas e, na semana seguinte, viajar em condições precárias, alugando muquifos, dormindo em sofás e me locomovendo no improviso. Da opulência para a pobreza, já reproduzi muitas vezes a decadência de aristocratas da cobertura ao quitinete. Não no espaço de décadas, mas de um dia para o outro.

Ainda assim, nada foi capaz de me preparar para St. Martin, no Caribe francês. Fui com um pequeno grupo de jornalistas convidados pelo governo da ilha para uma viagem de divulgação — formávamos um time heterogêneo que se conheceu ainda no saguão do aeroporto, diante de uma praia na parte holandesa da ilha.

Logo no primeiro dia, ficou claro que eu era o fanfarrão dionisíaco do grupo. Ficamos no único hotel cinco estrelas de St. Martin e, por seis dias e cinco noites, fomos mimados como lordes, entupidos gloriosamente de vinho e lagosta. Nos intervalos, mosqueamos em praias desertas e passeamos de barco sobre águas em tons de turquesa. (O Instagram costuma ficar cheio de fotos do mar do Arpoador, no Rio, com observações do tipo "o Caribe é aqui!". Não é.)

O banheiro da suíte no La Samanna, do grupo Belmond, dono de hotéis como o Copacabana Palace e o Cipriani de Veneza, tinha o tamanho do meu apartamento. Se o interior meio genérico fazia aquilo lembrar um hotel de rede, o serviço impecável, a grandiosidade da varanda e sua vista sobre a Baie Longue devem justificar o preço de 2.500 dólares a diária. Não pude evitar comparar esses valores com o naufrágio financeiro que me esperava no Brasil.

Depois da última missão marítima, houve um portentoso jantar com vinho e espumante. Voltei embriagado de tudo aquilo ao hotel. Deixei a janela e a varanda abertas e dormi sob o lento chacoalhar das ondas. Tive sonhos grotescos, como costuma acontecer, e num deles eu morava em St. Martin, muito feliz e apaixonado pela ilha que reúne mares caribenhos, cozinha francesa e jovens de topless.

Dentro do sonho, eu confessava a amigos na praia que estava

curado da síndrome de anti-Dorothy e nunca mais iria a lugar nenhum, enfim, morreria feliz no meu veleiro agora ancorado na ilha de St. Martin. E depois ia mergulhar, furando ondas como um menino.

A cama king size e seu lençol de algodão egípcio 1.500 fios acordaram mijados na manhã seguinte.

ONDE FICA O FIM DO MUNDO

(Ushuaia / Maio, 2010)

"**B**EM-VINDO AO FIM DO MUNDO" — assim que desembarco do avião, é o que me dizem o vento polar e os cartazes turísticos da triangular construção de madeira do Aeroporto Internacional Malvinas Argentinas, em Ushuaia. A capital da Terra do Fogo é conhecida como a cidade mais austral da Argentina e do mundo.

De toda parte é possível ver as montanhas nevadas e o gelado canal Beagle, que liga o oceano Pacífico ao Atlântico — estamos na última fronteira do continente. No meio de tudo, uma pequena cidade portuária de casas cobertas por chapas de metal, com paredes de pedra e madeira. Antes de ser terra de marinheiros, estivadores, presidiários e, hoje, turistas, aqui viveram aborígenes e povos nômades do mar, dizimados no início do século passado.

A ideia de que haja um fim do mundo — ainda que nele existam lojinhas de suvenires, pubs irlandeses, prostíbulos e hotéis multiestrelados com jacuzzi e Wi-Fi — é sedutora por si só. Mais do que pelos parques, glaciares, pinguins, leões-marinhos e outras maravilhas da natureza, quem desembarca em Ushuaia vem atraído pelo fim. Se não sabemos quando será o fim do mundo, é reconfortante ao menos saber onde fica.

Mas não é apenas a nossa mórbida obsessão pelo fim das coisas que justifica o fascínio do lugar. Os mais ingênuos podem crer que é possível encontrar algum tipo de sentido oculto onde se acaba a Terra. A última cidade possível antes do nada deve oferecer algum tipo de resposta, como um oráculo à beira do precipício.

Os mais ingênuos, escrevo — e talvez eu seja um deles.

São poucos os que encaram a madrugada em tão baixa temperatura e latitude no Além Patagônia. Sobre os telhados metálicos, os guindastes do porto, os capôs dos carros e os meus ombros, uma fina camada de gelo se acumula. Na rua deserta, solto nuvens de ar pela boca, como se fumasse um invisível charuto de frio. No alto, as montanhas brilham com indiferença, iluminadas pela lua.

Os carros que passam zunem numa branca explosão para depois serem imediatamente tragados pela reta escura. Sobra, por poucos segundos, um par de olhos vermelhos deixando um rastro de ausência. Sigo caminhando, a chutar pedrinhas com as mãos enfiadas nos bolsos. Procuro um bar, procuro que aconteça algo e procuro justificar minha presença na cidade imóvel.

Numa esquina, em frente a uma loja de chocolates, vejo alguém que talvez seja o louco da cidade, um velho de jaqueta de nylon e botas de couro. Encara o nada com os pés fincados na calçada e grita, imitando o som contínuo de um apito de navio que parte.

Quando me aproximo, o homem pergunta, numa nuvem de bafo de vinho, se eu sei onde estou. Ainda: se eu tenho *ideia* de onde estou. Digo que sim, claro, estamos no fim do mundo, ao que ele muito exaltado responde que "Não, ¡boludo!, o fim é que está em nós. O fim é que está aqui dentro, se acumulando em espirais por cada canto do nosso corpo, pelas entranhas, braços, cabeça. Até que transborde!"

Depois que o homem virar a esquina gesticulando para si mesmo, a neve vai começar a cair nesse pedaço da Terra do Fogo.

AS MÃOS QUE VÊM DO HAITI

(Porto Príncipe, Nova York / Novembro, 2012)

1.

O ANO SEMPRE COMEÇA A ACABAR assim: nas vitrines das lojas. No início de novembro, à esquerda da entrada da West Elm do Chelsea, Nova York, vejo minha primeira árvore de Natal de 2012. A West Elm é uma cadeia de lojas de decoração, e, ao lado do pinheiro decorado com luzes e flores brancas, há uma gorda cama de casal montada com a diligência militar de um hotel cinco estrelas. Sobre a cama, uma bandeja serve um café da manhã invisível adornado por um jarro de flores secas. Ao longo das paredes, do chão ao teto, vemos fileiras de prateleiras com roupas de cama, toalhas, travesseiros e almofadas em diferentes tons de azul. Nesse ambiente elegante e aturdido de delicadezas, há também um pequeno conjunto de cabeças de animais emolduradas na parede. Um filhote de rinoceronte, outro de veado, uma gazela adulta e um alce.

Cada uma dessas cabeças brancas é feita em *papier-mâché* por dezenas de artesãos numa linha de produção artesanal em Porto Príncipe, no Haiti — a 2.500 quilômetros daqui numa linha reta traçada ao sul. Quando conto à vendedora que estive na fábrica onde esses objetos foram manufaturados, depois de um arregalar de olhos, ela diz:

"Nós nunca pensamos de onde tudo vem. As coisas simplesmente aparecem."

2.

O material que dará origem aos bichos de papel é reciclado, processado, manufaturado e embalado na própria fábrica, uma empresa familiar chamada Caribbean Craft, fundada em 1990 por Joel Dresse, 53 anos, filho de um belga que trabalhava numa missão das Nações Unidas no país e que se apaixonou por uma haitiana. Sua mulher, Magalie Dresse, entrou na companhia em 2006, quando o negócio foi rebatizado com o nome que tem hoje. As cabeças custam entre 49 e 199 dólares e fazem parte de um catálogo de mais de 6 mil itens, entre bolsas, bandejas, anjos, porta-guardanapos, copos, chaveiros e enfeites de metal.

O funcionário que ganha um salário mínimo, ocupando diariamente um dos galpões da Caribbean Craft entre 7h30 e 16h, precisaria trabalhar dez dias para comprar a cabeça mais barata à venda em Nova York.

Seu salário é de duzentos gourdes por dia, o equivalente a 4,75 dólares. O salário dos funcionários mais qualificados pode chegar a mil gourdes por dia (23,75 dólares). De acordo com a demanda, a Caribbean Craft emprega entre 250 a 350 artesãos dentro da empresa e de cem a 250 fora. A receita declarada anual é de 1,5 milhão de dólares, com lucro entre 5% e 10%. A Caribbean Craft estima vender 100 mil peças por ano para empresas no exterior, como Anthropologie, West Elm, Macy's e Donna Karan.

Não apenas os produtos têm qualidade rara — são peças únicas num mercado cada vez mais dominado pela linha de produção industrial — como carregam em si apelo humanitário. O Haiti é o país mais pobre do Hemisfério Ocidental, vive em crise institucional permanente nas últimas décadas, com condições econômicas precárias, ocupado pela ONU, e enfrenta problemas crônicos de criminalidade, instabilidade política e extrema pobreza — sem falar do devastador terremoto de 2010.

Do outro lado do mundo, comprar um produto da Caribbean Craft oferece uma dupla sensação de conforto. A primeira é a de ter acesso a um objeto carregado de toques, em que o vestígio dos gestos dos artesãos pode ser visto e sentido na superfície das peças. A segunda é a sensação de que se está fazendo caridade dirigida a um país pobre, comprando paz de espírito e alívio na culpa burguesa por alguns minutos e dólares. Essa consciência apaziguada também faz parte do produto — e de seu preço.

3.

Fico ainda um tempo flanando pelos corredores da loja e descubro que a West Elm comercializa o trabalho de artesãos independentes não apenas de países como o Haiti e a Índia, mas de dezenas de pequenas cidades dos Estados Unidos. A rejeição da cultura de produção em massa em favor do artesanato e das pequenas empresas ou marcas históricas traduz-se numa tendência de mercado "sustentável" em que as palavras familiar e local são sinônimos de atualidade e lucro. Podemos encontrá-la em todas as esquinas de Nova York, até no café importado produzido por uma "pequena fazenda familiar" de El Salvador que em quinze minutos tomarei com a vendedora da West Elm num café perto dali — por sorte, acabaremos por nos esbarrar na saída da loja em horário de fim de expediente e eu a convidarei.

Além de filha de uma cubana com um italiano, o que a faz parecer uma espécie de pequena Claudia Cardinale com olhos negros, a vendedora da West Elm é uma espécie de mensageiro do Zeitgeist. Quando eu digo que é natural que não percamos tempo pensando na origem de todos os objetos que nos rodeiam, ela saca o telefone do bolso e disserta:

— Não é que simplesmente estejamos substituindo a experiência ou a própria ideia de nós mesmos por representações ou ícones virtuais: hoje tudo parece (e é) mágico e virtual. A própria ideia de distância se perdeu — ela diz, desligando a tela do celular ao mesmo tempo que discretamente confere suas mensagens de texto. E continua: — A forma como vemos o trabalho manual faz parte desse processo. As pessoas que trabalharam para montar as partes deste telefone numa linha de produção não existem. É como se nenhuma mão nunca houvesse tocado nada...

4.

A West Elm de Chelsea está a poucas quadras da zona portuária do bairro, hoje conhecida por suas galerias de arte e restaurantes sobrevalorizados. Ali, na mesma semana em que os bichos haitianos de *papier-mâché* observaram em silêncio a vendedora erguer o pinheiro de Natal da loja, houve a abertura da primeira exposição individual do videoartista turco Ali Kazma.

Enquanto durar a exposição, o galpão comprido onde fica a Galeria C24 terá projetadas em suas paredes imagens raramente vistas na arte contemporânea: o trabalho manual de um açougueiro, de um relojoeiro e de um notário carimbando papéis. No fim do corredor, em contraste evidente, imagens de uma indústria de forjar ferro e de uma fábrica de automóveis. A projeção será contínua, e, ao caminhar ao longo da galeria, os diferentes sons e imagens irão se sobrepor, criando uma experiência de imersão.

Ao contrário do que se poderia esperar, o rigor das imagens — normalmente planos fixos em close — não sugere uma crítica à alienação do trabalho repetitivo, mas um tipo de absorção quase espiritual. O trabalho manual aqui é sinônimo de transcendência e dignidade. E arte, que será consumida por um público que encontrará algum conforto nesse reencontro com a materialidade das coisas e suas origens.

5.

Uma das cabeças de alce que adorna a unidade da West Elm em Chelsea tem em seu acabamento em *papier-mâché* não folhas brancas, mas páginas de um livro. Trata-se de *Le Pére Goriot* [*O pai Goriot*], um dos romances que compõem a monumental *Comédia humana* de Honoré de Balzac. Ele conta, entre outras, a história de Eugène de Rastignac, um ambicioso rapaz com sede de ascensão social. O pano de fundo é o período da Restauração, quando o poder político foi retomado por uma monarquia, a dinastia Bourbon, 25 anos depois da Revolução Francesa.

Não apenas o trabalho dos artesãos da Caribbean Craft representa um raro caminho de ascensão social no país, mas também a Revolução Francesa teve um impacto definitivo para a abolição da escravatura no Haiti e sua posterior independência, o que me leva a perguntar a Joel Dresse se ele escolheu o livro que ilustra milhares de objetos de propósito.

— Antes nós pegávamos livros em sebos para reciclar. Mas não tínhamos controle sobre o texto. Poderia ser algo pornográfico — como já foi — ou simplesmente inapropriado. Sem falar no custo e no fato de estarmos destruindo livros. Então decidimos nós mesmos imprimir as páginas de um livro. — Ele me esclarece que o *papier-mâché* feito com *Le Pére Goriot* é coincidência — leu o livro na adolescência, mas não lembra do que se trata.

6.

Ao contrário de Nova York, a capital do Haiti não tem prédios altos de onde possa ser vista de cima. Mas é assim que será lembrada por mim meses depois, quando começo a tentar descrevê-la para a vendedora da West Elm. Se a grande cidade americana é um conjunto de linhas retas, a minha viagem para investigar a origem desses objetos feitos à mão revelará uma metrópole que é também artesanal e pré-moderna.

Do topo de um vale no bairro de Pétionville, no hotel Montana, vemos a cidade como um aglomerado de prédios baixos, barracos e casas entre os vales desmatados e o mar. As ruas cortam os morros e os bairros ao nível do mar de forma errática — com a exceção das avenidas principais, não parece haver rua reta em Porto Príncipe.

A poluição e a poeira no ar dessa cidade em processo simultâneo de construção e demolição fazem com que seja impossível enxergar a linha do horizonte sob a luz branca da tarde. E quando a vendedora da West Elm me pergunta sobre o mar, digo que não me lembro dele. Porque Porto Príncipe parece acabar não numa baía que dá para o mar do Caribe, mas diretamente para o céu.

7.

Logo desceremos à terra — de carro. Ao visitante que estiver no Haiti convidado por uma organização internacional, a depender do seu status ou função, será oferecido um automóvel com ar-condicionado e motorista, cujas portas e vidros devem manter-se fechados todo o tempo. O visitante também receberá instruções de segurança com horários de toque de recolher e será avisado sobre as áreas vermelhas da cidade, nas quais a presença é proibida a qualquer hora do dia ou da noite.

Elas são as mesmas apontadas pelo Departamento de Estado dos Estados Unidos como de alto risco: Croix-des-Bouquets, Carrefour, Martissant, a estrada do porto (Boulevard La Saline), a estrada Nationale #1, Nationale #9, a estrada do aeroporto (Boulevard Toussaint Louverture) e as suas conexões à nova estrada "Americana" via Route Nationale #1 — que cruza o país e também deve ser evitada. A presença em Cité Soleil, em La Saline e nas áreas ao redor desses bairros também é expressamente proibida. Segundo as instruções de segurança, mesmo os bairros que um dia foram considerados relativamente seguros, como Delmas, Pétionville e Vivy Mitchel, foram recentemente palco de um número crescente de crimes.

Além das instruções indicando não haver área segura em todo o país, o visitante ainda receberá uma lista de vacinas (tifoide, tétano/difteria, hepatite A) que deve tomar, e outra com os remédios e repelentes que deve levar na mala, incluindo cápsulas para malária e diarreia. Sob todo esse cuidado, o primeiro contato com a cidade será dentro do automóvel em longos trajetos, já que o motorista nunca fará o mesmo caminho, o trânsito é caótico como esperado e as ruas muitas vezes parecem um rascunho ou a lembrança de uma rua.

As calçadas não são apenas canteiros de obras, mas sala de estar, cozinha e refeitório. E muitas vezes um mercado onde se vende de tudo: carvão, tecido, frutas, bebida, eletrodomésticos, sapatos e roupas — novas ou usadas. A percepção inicial é a de que há um excesso de oferta não só de produtos, mas de gente, já que ninguém parece comprar nada e a maioria dos haitianos parece ociosa nas calçadas. No entanto, o tempo passado na cidade e a proporção entre neurotransmissores céticos ou esperançosos no seu cérebro podem mudar definitivamente essa impressão.

De qualquer forma, o primeiro e maior contraste que se percebe ao chegar e partir desde Miami até o Haiti, separados por apenas noventa minutos de voo, não é econômico. É que, perto de Porto Príncipe, Miami e, por extensão, todos os Estados Unidos parecem um enorme território devastado por algum tipo de doença que dizimou sua população. Não há ninguém nas calçadas. Os enormes edifícios retangulares que enfeiam a orla de Miami parecem todos desabitados. Nos poucos que não têm as janelas ou cortinas fechadas, o único movimento que se pode ver é o das faxineiras que se arriscam penduradas nas janelas, erguendo vassouras com panos molhados na ponta. Para quem limpariam as janelas? Trata-se de uma cidade deserta, um haitiano diria.

Já em Porto Príncipe, a perspectiva lateral de um Marco Polo imóvel numa limusine, em que as ruas lotadas de gente parecem mover-se ao redor do seu carro como numa esteira, remete a Procópia, uma das cidades que Italo Calvino criou em *Cidades invisíveis*. Em Procópia a paisagem vista de uma janela é ocupada gradualmente pelos seus habitantes até que só se possa vê-los e eles ocupem todo o panorama com seus rostos gentis. Mas no Haiti a paisagem humana nas ruas apinhadas não parece oferecer "sorrisos tranquilos" como no texto de Calvino — muito ao contrário, os haitianos sempre devolverão com brio e alguma hostilidade o olhar do estrangeiro branco dentro do carro da organização internacional.

8.

Antes de romper a bolha e, sem a autorização dos meus contratantes, ganhar a liberdade de caminhar pelas ruas e mercados de Porto Príncipe, beber cerveja Prestige no Champ de Mars ouvindo *compas* com novos amigos e voltar para casa de mototáxi na madrugada escura, andei em quatro tipos de automóveis: uma SUV com placa do BID, um jipe da Minustah, missão da ONU para a estabilização do Haiti, um carro do Viva Rio, ONG brasileira, e outro, particular.

No momento em que percebe a antipatia no olhar dos haitianos através do vidro do carro desaparecer por completo quando está num automóvel normal ou caminha sozinho pela rua, o visitante começa a questionar a qualidade do trabalho das organizações internacionais de ajuda e a sua popularidade local.

Algumas pichações encontradas nos muros da cidade reforçam essa impressão: "Aba Minusta Blan je vét", "Aba tout ONG", "Aba Minusta Colera", ou "Fora Minustah branca de olhos verdes", "Fora todas as ONGs" e "Fora Minustah Cólera" — esta última faz menção ao episódio de outubro de 2010, quando tropas nepalesas da ONU trouxeram a doença ao Haiti pela primeira vez em um século, matando 6,2 mil haitianos e deixando mais de 438 mil doentes. A ONU ocupa o país desde 2004 com resultados questionados pela comunidade internacional, o que inclui graves restrições à violenta presença das tropas brasileiras que passaram por aqui, e hoje mantém um contingente de 10 mil soldados no país.

Além das palavras de ordem contra a ONU e as ONGs, justificadas pelo número crescente de escândalos de corrupção, ineficiência, projetos falidos e casos documentados de violência contra a população, vê-se nos muros manifestos menos políticos, ainda que carreguem bandeiras e ídolos de duas forças irreconciliáveis: Brasil e Argentina. Em uma semana na cidade, o número de Messis que vi foi cinco. O número de Ronaldinhos, dois. Um homem parecido com o meia Kaká foi visto desenhado num muro, mas, de qualquer forma, a Argentina levou essa.

9.

Não apenas frases de protesto, jogadores de futebol e bandeiras são pintados à mão em Porto Príncipe, mas também são artesanais os cartazes nas fachadas de todos os negócios. Cada um desses desenhos, nomes e logomarcas é um trabalho único e irreproduzível. Em Nova York, meses depois, ficarei surpreso em ver na hipsterlândia de Williamsburg, no Brooklyn, anúncios de startups de internet e nomes de bares sendo pintados à mão nos muros do bairro. Mas o que no mundo ocidental é uma opção marqueteira, aqui é necessidade. E é assim que na cidade são anunciados todos os bares, mercados e, com destaque, onipresentes barbearias e cabeleireiros.

Em uma semana no país, não me lembro de ver nenhum haitiano sem o cabelo e a barba rigorosamente cortados e aparados, o que inclui uma variação aparentemente infinita de bigodinhos e costeletas desenhadas no estilo Drake ou Kanye West.

Nos muros ao lado das portas desses estabelecimentos, há sempre o desenho de vários rostos de homens e mulheres estampando as últimas modas em penteados e barbas. A pele das mulheres costuma estar bastante esbranquiçada, em contraste evidente com a cor da mulher haitiana. Étienne Peterson, artesão e pintor que faz bicos pintando esse tipo de fachada, diz que os donos dos salões pedem assim: "Eles querem a mulher bem bonita."

Peterson usa o pseudônimo de Belle-artiste, tem 20 anos, 1,65 metro, rosto redondo e uma mecha de cabelo grisalho na testa desde que nasceu. Segundo a família, é sinal de sorte. Na tarde do terremoto de 2010, ele estava em casa desenhando um Pato Donald sobre a mesa de jantar. Ouviu um estrondo e viu as paredes caírem antes de fugir. Estava no canto certo da sala.

Alguns adivinhos ainda dizem que a mancha branca na testa indica que Peterson não vai morrer pobre. E, a depender de seus planos, devem estar certos. Ele é o mais recente funcionário a ser contratado pela Caribbean Craft, mas vê seu futuro fora do Haiti. Não nas cabeças de animais feitas em *papier-mâché* à venda em Nova York, mas trabalhando ele mesmo no Japão ou na China, transformando os carros e helicópteros de metal e argila que fez desde a adolescência para lojas de artesanato em design de helicópteros e carros do mundo real. Quando lhe pergunto se ele quer ser designer de produtos, a resposta é quase filosófica.

— Quero fazer coisas de verdade, reais, para o mundo real.

Para Étienne, evoluir é ir na contramão da singularidade das peças que produz. Ao contrário dos nova-iorquinos que têm sede de consumir o artesanal e a manufatura como uma recuperação de algo íntimo e fundamental nas relações humanas, ele quer cair nas graças e nas garras mecânicas da revolução industrial — deseja atravessar o século que o Haiti aparentemente perdeu.

Mas, se não tiver a habilidade de se transformar num Rastignac, como o alpinista social do romance de Balzac, ele provavelmente seguirá por algum tempo com seu trabalho braçal e monótono de montar coelhos de argila. É fazendo isso que encontro Étienne pela primeira vez num dos três galpões que a Caribbean Craft ocupa num terreno ao lado do aeroporto — há um quarto em construção, numa área total de 1.450 metros quadrados, o que equivale a dois campos de futebol. Dentro de cada um desses galpões, divididos em mesas de trabalho, dezenas de artesãos se ocupam de diferentes partes da produção de cada peça.

Na mesa ao lado, mulheres colam com água as páginas de *Le Pére Goriot* sobre cabeças de gazelas feitas de papelão. Cada uma mergulha as pontas dos dedos num pequeno balde d'água para molhar os pequenos fragmentos rasgados do livro, num procedimento que se repetirá milhares de vezes durante o dia. Pouco à frente, outros funcionários pintam de prata a cabeça de alces e seus chifres. Numa outra sala, homens se ocupam da estrutura interior das peças, feitas com camadas sobre camadas de papelão reciclado e água.

O primeiro andar dos galpões é iluminado, tem amplas janelas e pé-direito alto. Cada um deles funciona também como depósito das peças em processo — caminhar ali significa esbarrar com centenas de cabeças de rinocerontes, alces ou seres humanos empilhadas no chão ou presas pela parede. Nessa fábrica de artesanato, o visitante não perde a impressão de que está sendo observado por uma multidão.

10.

Marco de reencontrar Peterson em sua casa, em Delmas 24, mas só descubro que ele me deu o endereço de um amigo quando chego à casa de Jamil St. Ville, seu colega de Caribbean Craft. Étienne tenta explicar por que não pude visitá-lo em casa.

— É um bairro complicado e podia dar problema você andando por lá.

Ele não quis dizer para qual de nós dois daria problema.

A casa de Jamil fica no fundo de um terreno e tem dois cômodos — a pequena sala que é também cozinha e o quarto de doze metros quadrados onde dorme com os pais, duas irmãs e o filho de uma delas. Na entrada, a porta é uma lousa cheia de equações matemáticas escritas com giz branco. A irmã de Jamil dá aulas para as crianças do bairro. E é assim que ele se vê num futuro próximo — ensinando o que sabe para novas gerações de artesãos haitianos. Ao contrário do seu amigo mais novo, que deseja reforçar as fileiras da diáspora haitiana, Jamil não quer sair do país.

Os dois, fora do horário do expediente, pintam juntos, imprimem ilustrações em camisetas e também aceitam encomendas para pintar os nomes dos negócios nas fachadas das lojas — trabalho que muitas vezes inclui as mulheres esbranquiçadas. Apressam-se em mostrar quadros com imagens de Céline Dion, Tupac Shakur e jogadores norte-americanos de basquete, mas o que me interessa na mesa é a reinvenção que Étienne faz da seleção espanhola de futebol, em desenhos pintados a lápis de cera sobre folhas de papel A4 reproduzindo o desenho de um álbum de figurinhas. A escalação de nomes inventados da seleção da Espanha (ou "Espamoña", como Étienne escreve) é: Casis, C. Oldario, C. Gabelda, N. Arol, Paverno, Delfila, R. Inesto, Sanches, Bonzalo, David Veyes, Xabi Mernandes — comandados por Castro.

Talvez contrariando seu desejo de introduzir-se num esquema de trabalho e produção industrial e seu futuro "no Japão ou na China", Étienne não simplesmente reproduziu os nomes dos jogadores espanhóis. Ele teve que fazer diferente.

11.

Se Étienne Peterson é o mais recente contratado da Caribbean Craft, encontro no segundo andar de um dos galpões da fábrica Jean Phillip Desuma, com trajetória sólida na empresa onde trabalha desde 1993. Ele tem 37 anos, parece ter dez a menos e tem o ar de quem nunca teve dúvidas na vida. Desuma me recebe num pequeno e bagunçado escritório com ar-condicionado. Se a temperatura é em torno de 40ºC fora dali, dentro cai para uns 16ºC. Diferença semelhante há entre o salário e o posto do jovem Belle-artiste e os de Jean Phillip.

Desuma começou fazendo o tipo de trabalho que Étienne faz agora. Hoje é gerente de produção e tem um salário que lhe permite construir uma casa para si em Pétionville e outra para a família em Delmas 34. Trata-se de um representante da incipiente classe média haitiana. Como se espera, sua trajetória envolve boa sorte e uma dose de sacrifício — estudos e trabalho simultâneos para ajudar a sustentar a família desde que o pai saiu de casa, quando o filho ainda era adolescente. Ele, a mãe e os quatro irmãos dividiam então um quarto de dezesseis metros quadrados. Hoje, enquanto sua casa não fica pronta, ele mora num apartamento com sala, dois quartos, cozinha e dois banheiros, com a mulher e o filho.

Quando lhe pergunto o que mudou no Haiti desde o ano em que começou a trabalhar na empresa, a resposta parece refletir sua trajetória pessoal: os salários. E começa a falar das melhorias trabalhistas dentro da empresa, os salários quintuplicados no período, seguros de saúde e, depois do terremoto, almoço grátis aos funcionários. Conta também o famoso episódio do terremoto de 2010, quando o casal Dresse alimentou e deu suporte a dezenas de funcionários em sua casa e montou um espaço de trabalho ali mesmo no jardim, já que a fábrica da empresa foi ao chão. Parece — e é — um discurso consistente e bem ensaiado de relações públicas de uma firma que nos últimos tempos recebeu dezenas de jornalistas e foi destaque na imprensa internacional, com direito a uma visita de Oprah Winfrey em dezembro de 2011.

Com o tempo, Desuma, cujo livro preferido não é um romance francês, mas *O capital*, de Karl Marx, responde a minha pergunta. O que mudou no Haiti desde os anos 1990 para ele é que hoje há liberdade de expressão e democracia — ele hoje pode falar comigo livremente. Mas também os preços, já que antes, com menos de um dólar por dia, era possível se alimentar e viver, ainda que precariamente.

— Agora os preços subiram demais. E os salários em menor proporção. Ainda há muita desigualdade no Haiti.

Terei um simbólico exemplo disso poucas horas depois.

12.

Na noite escura de Porto Príncipe, a embaixada dos Estados Unidos no bairro de Tabarre é uma das poucas fontes de luz num raio de quilômetros. A dezenas de quarteirões de distância, pode-se ver sua claridade projetada no céu. Ao lado dela, uma fortaleza de dois andares por trás de muros reforçados, está outro centro de poder, a base da missão da ONU no Haiti.

O engarrafamento e a confusão de ruas lotadas que presencio aqui não têm nada a ver com os EUA ou com a Minustah, e sim com o que acontece do outro lado da avenida, no Parc Historique de la Canne à Sucre, um engenho de cana-de-açúcar construído durante a colonização francesa, um dos símbolos máximos da exploração colonial e do regime escravista transformado em museu e área de lazer em 2004, no aniversário de duzentos anos da independência do país.

Nesse sábado à noite, o lugar em que haitianos perdiam a vida em trabalhos forçados é palco de concertos musicais ao ar livre, onde a aristocracia local pagará cinquenta dólares de ingresso para dançar ao som do *compas* de grupos célebres como Kassav e Tabou Combo. O preço do bilhete custa apenas um dólar a mais que a cabeça de bicho de *papier-mâché* mais barata à venda na West Elm em Nova York — valor que também compra dez dias do trabalho do jovem Étienne Peterson num dos galpões da Caribbean Craft entre 7h30 e 16h.

Mas o preço alto não desanima a multidão: o lugar está lotado e as filas são caóticas. Lá dentro, a noite de lua cheia será longa e agitada. Apesar do calor, os homens vestem-se com elegância: suspensórios, calças sociais, sapatos de couro. Muitos fumam cachimbo. As mulheres usam vestidos curtos ou calças dois tamanhos abaixo. Há dança, bebida e um clima de apreensão no ar que se resolve com a aparição do presidente do Haiti, Michel Martelly. A careca reluzente desse homem de 51 anos não apenas é reconhecida no meio da multidão por um dos músicos que o saúda sob aplausos quase unânimes, como também subirá ao palco.

Antes de ser eleito presidente do Haiti em 2011 numa eleição conturbada, "Sweet Micky" ou "Tet Kale" (cabeça careca) foi por mais de duas décadas um dos cantores mais populares do país, famoso por canções e performances alegres e infames que foram a trilha sonora dos haitianos durante os conturbados anos pós-Duvalier, já distantes.

Conversar sobre ele com qualquer haitiano é ouvir uma coleção de histórias que envolvem carnaval, letras pornográficas, drogas ou algo ainda mais radical, como os episódios em que teria abaixado as calças em desfiles de carnaval na frente do palácio do presidente nos anos 1990, ou que teria apoiado abertamente os regimes sanguinários de François "Papa Doc" Duvalier e de seu filho Jean-Claude "Baby Doc", e que também não apenas deu suporte ao golpe contra o presidente Jean-Bertrand Aristide como participou de esquadrões da morte contra militantes do Lavalas. O nome de Martelly pode provocar um sorriso ou engulhos, a depender do seu interlocutor.

Aos 51 anos, com uma trajetória política que o liga ao exército e aos setores mais reacionários da sociedade haitiana, Martelly surgiu no cenário como uma solução nova para um povo cansado de políticos tradicionais. Para isso, teve a ajuda da agência espanhola Ostos & Sola, que trabalhou nas campanhas de Felipe Calderón no México e de John McCain nos EUA. Elegeu-se com um discurso de reconstrução do país depois do terremoto, mas, para muitos, o estado terrível do país deve ser atribuído aos golpes de 1991 e 2004 que tiveram o apoio do presidente — e da ONU.

Aqui, ninguém quer saber disso. O público que lota a antiga usina de açúcar parece adorar Le President e acompanha com empolgação uma das muitas canções sobre o país — e sobre escolher o país, todos os dias. Essa aqui se chama "Lakay", "casa" em crioulo: "Nós já não aguentamos mais comer comida chinesa/ Já não aguentamos mais nos meter num buraco para pegar o metrô/ Haiti, *chérie*, você me deu a vida/ Mesmo se eu tiver que ir, eu voltarei/ Haiti, você é a minha mãe/ Haiti *chérie*..."

13.

Depois de uma semana no Haiti, o visitante percebe que uma das maiores dificuldades de comunicação com qualquer haitiano não está no crioulo que você é incapaz de falar ou aprender. É que depois de alguns minutos de conversa e rodadas de cervejas Prestige, você percebe que a maior parte das suas tentativas de ironia não serão percebidas. Há um desacordo que extrapola a linguagem.

Vindo de uma sociedade que vive numa abundância de recursos e referências, o ocidental do outro lado do mundo não está acostumado à comunicação direta. Ou a estar onde se está, e no momento em que se está. Num lugar como Porto Príncipe, onde a realidade e seus limites materiais e físicos se impõem de forma imperiosa para a maioria dos seus habitantes, não há espaço para linguagem indireta ou dissimulação. As coisas são o que são.

No Haiti, a manufatura não é a nostalgia de algo que nunca se viveu e que se transforma num produto na vitrine ou numa galeria de arte, mas o meio de subsistência dos que podem se considerar uma feliz exceção num país em que 80% dos habitantes vivem abaixo da linha da pobreza. Talvez por tudo isso, quando faço uma provocação sobre Martelly com o gerente de produção Jean Phillip Desuma, ele diz palavras que ecoam a canção do presidente, ainda que num tom mais grave:

"O Haiti depende dos haitianos. Somos nós que temos que identificar e agir para resolver os nossos problemas. Não precisamos que um estrangeiro venha aqui e nos diga o que fazer. Nós somos o primeiro país que fez a independência negra no mundo. Eu não perco a esperança porque eu sei que essa força existe ainda."

Ele faz um breve silêncio e completa, sob o olhar de uma manada de cabeças de elefantes com o texto de *Le Pére Goriot* descansando no chão:

"Eu não quero e não vou largar o Haiti."

14.

Numa das cabeças que repousam no chão, pode-se ler o seguinte fragmento do romance de Balzac, uma fala de Mme. Delphine de Nucingen:

> Garoto! Você está no início da vida — retomou ela, pegando na mão de Eugène —, e encontra uma barreira intransponível para muita gente, e, quando a mão de uma mulher abre-a para você, você recua! Ora, você vencerá, terá uma brilhante fortuna, o sucesso está escrito em seu belo rosto. Sendo assim, não poderia me pagar o que estou lhe emprestando hoje?

Este livro foi composto na tipografia Minion Pro,
em corpo 11,5/16, e impresso em
papel off-white na Gráfica Santuário.